LE CONGRÈS INTERNATIONAL

DE

DROIT COMMERCIAL

D'ANVERS

(Du 27 septembre au 3 octobre 1885)

LETTRE DE CHANGE — DROIT MARITIME

COMPTE RENDU

PAR

CHARLES CONSTANT (✿)

AVOCAT A LA COUR D'APPEL DE PARIS
UN DES SECRÉTAIRES DE LA 1re COMMMISSION DE LA SECTION DE DROIT MARITIME
AU CONGRÈS D'ANVERS.

PRIX : 2 FRANCS

PARIS
A. DURAND et PEDONE-LAURIEL, Éditeurs,
LIBRAIRES DE LA COUR D'APPEL ET DE L'ORDRE DES AVOCATS
G. PEDONE-LAURIEL, SUCCESSEUR
13, rue Soufflot, 13.

1886

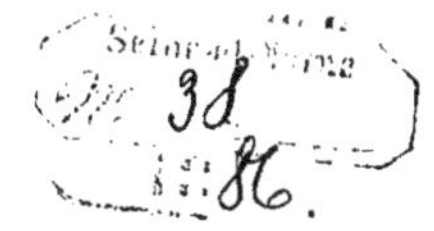

LE CONGRÈS INTERNATIONAL

DE

DROIT COMMERCIAL

D'ANVERS

(Du 27 septembre au 3 octobre 1885)

LETTRE DE CHANGE — DROIT MARITIME

COMPTE RENDU

PAR

CHARLES CONSTANT (✠)

AVOCAT A LA COUR D'APPEL DE PARIS
DIRECTEUR DE LA *France judiciaire*
ET DE LA *Revue de Droit commercial, industriel et maritime*
UN DES SECRÉTAIRES DE LA SECTION DE DROIT MARITIME AU CONGRÈS D'ANVERS.

PRIX : 2 FRANCS

PARIS
A. DURAND et PEDONE-LAURIEL, Éditeurs,
LIBRAIRES DE LA COUR D'APPEL ET DE L'ORDRE DES AVOCATS
G. PEDONE-LAURIEL, Successeur
13, rue Soufflot, 13.

1886

LE CONGRÈS DE DROIT COMMERCIAL

D'ANVERS

Lettre de change. — Droit maritime.

Un Congrès international de droit commercial a tenu ses séances à Anvers, du 27 septembre au 3 octobre 1885. Ce Congrès empruntait à son origine un caractère tout particulier : un arrêté du roi des Belges en avait déterminé le but[1], une commission royale en avait tracé le programme[2], la plupart des gouvernements avaient désigné des délégués officiels pour s'y faire représenter[3], et des invitations spéciales avaient été adressées, dans

1. L'arrêté royal porte la date du 27 février 1885. Il a été rendu sur la proposition de M. A. Beernaert, président du conseil des ministres, ministre des finances; M. J. Devolder, ministre de la justice; M. le chevalier de Moreau, ministre de l'agriculture, de l'industrie et des travaux publics.

2. Cette commission est composée de :

M. Biebuyck, directeur au ministère des affaires étrangères;— Carlier, secrétaire de la société la Métallurgie; — Cruysmans, courtier d'assurances à Anvers; — M. Théodore C. Engels, armateur à Anvers; — Domis de Semerpont, directeur général, chef du cabinet du ministre de la justice; — d'Hondt, greffier du tribunal de commerce de Gand; — V. Jacobs, membre de la chambre des représentants; — le baron Lambermont, ministre d'État, secrétaire général du ministère des affaires étrangères; — Georges de Laveleye, publiciste à Bruxelles; — Lejeune, bâtonnier de l'ordre des avocats à la cour de cassation; — De Mot, avocat à la cour de cassation; — Namur, professeur à l'université de Liège; — Nothomb, ministre d'État, membre de la chambre des représentants; — Nyssens, professeur à l'université de Louvain; — Picard, avocat à la cour de cassation; — Pirmez, ministre d'État, membre de le chambre des représentants; — Sainctelette, membre de la chambre des représentants; — Simons, membre de la chambre des représentants; — Smekens, président du tribunal de première instance d'Anvers; — Spée, greffier du tribunal de commerce d'Anvers; — Van Peeborgh, dispacheur à Anvers; — Vaes, avocat à Anvers; — Vrancken, bâtonnier de l'ordre des avocats, à Anvers.

3. Voici la liste des défégués officiels des divers gouvernements qui se sont fait représenter au congrès :

République Argentine. — S. Exc. Delfin B. Huergo, ministre résident. — *Espagne.* — MM. Rodriguez de Cepeda, doyen de la faculté de droit à l'université de Valence; Bienvenido Oliver y Esteller, membre de l'académie royale d'histoire, sous-directeur au ministère des grâces et de justice; Juan Pastorin y Vacher, lieutenant de vaisseau de 1re classe; Spottorno, conseiller à la cour maritime. — *États-Unis d'Amérique.* M. Charles A. Peabody, membre de la chambre de commerce de New-York.—*Egypte.* M. Vercamer, président du tribunal international du Caire. — *Finlande.* M. de Mont-

tous les pays, aux jurisconsultes, aux chambres et bourses de commerce, aux compagnies d'assurances et de navigation, aux représentants de la presse juridique. Un Congrès a rarement réuni tant d'hommes éminents venus de tous les points du monde, et jamais discussions n'ont été mieux conduites que celles dont nous allons essayer de donner un résumé : la précision et la concision remarquables des discours montraient la compétence de ceux qui les prononçaient, et les interrupteurs n'intervenaient que pour mieux déterminer encore le terrain du débat et jeter une lumière plus vive sur les conclusions à prendre ou les résolutions à adopter.

Le but du Congrès était d'ailleurs bien digne de ces efforts. Il s'agissait, en effet, de poser les premières bases d'une entente internationale en vue de l'unification des lois commerciales. « Quel essor nouveau prendraient les relations commerciales, qui sont aujourd'hui avant tout internationales, disait le rapport des ministres au roi des Belges, si elles étaient débarrassées des entraves, des difficultés, des incertitudes et des frais résultant de la diversité des législations ! » C'est évidemment là une œuvre de longue durée, qui doit être préparée mûrement; mais, dès à présent, il a semblé que l'unité pourrait être obtenue, sans difficultés sérieuses, pour la lettre de change et le droit maritime. Ce sont ces deux parties importantes du droit commercial qui ont été soumises aux délibérations du Congrès d'Anvers.

Après avoir constitué son bureau[1], le Congrès s'est divisé en deux sec-

gomery, procureur général au Sénat. — *France.* M. Gonse, directeur au ministère de la justice et des cultes; Lyon-Caen, professeur à la faculté de droit de Paris; F. Worms, avocat; de Regny, banquier, délégué adjoint. — *Italie.* MM. le commandeur Paolo Boselli, député au parlement; le professeur chevalier Marghieri, de l'université de Naples; l'avocat chevalier César Norsa; le commandeur Thomaso Villa, député au Parlement. — *Japon.* MM. Suf Kohey, conseiller d'État adjoint; le docteur Hermann Rœsler, membre du conseil suprême de l'Empire; Hasegawa Tagashi, juge. — *Grand-Duché de Luxembourg.* M. Wurth, député, directeur de la banque internationale de Luxembourg. — *Norwège.* M. Platon, conseiller à la cour de Christiania. — *Pays-Bas.* MM. Josephus Jitta, avocat et conseiller communal d'Amsterdam; Lévy, avocat; Molengraaff, professeur à l'université d'Utrecht. — *Portugal.* Oliveira-Chamisso. — *Roumanie.* M. Degré, conseiller à la cour suprême. — *Russie.* M. le chevalier A. de Wreden, professeur à l'université de Saint-Pétersbourg; Arthur Raffalovich, membre du conseil du commerce et des manufactures au ministère des finances de Russie. — *Serbie.* M. Jean Milovanovitch, conseiller à la cour d'appel. — *Suède.* M. Hersloew, référendaire à la cour suprême. — *Suisse.* M. le docteur Speiser, professeur à l'université de Bâle, président de l'Institut des juristes suisses.

1. Voici la composition du bureau général du Congrès :

Président d'honneur : M. Beernaert, ministre des finances de S. M. le Roi des Belges.

Président : M. le baron Lambermont, ministre d'État.

Vice-présidents : MM. le commandeur Paolo Boselli, député au parlement, délégué du gouvernement italien; le conseiller intime Dr Dorn, président du barreau de la cour suprême de l'Empire allemand; Sir John Gorst, sollicitor général, délégué du barreau de Londres; S. E. Delphin B. Huergo, ministre résident de la République Argentine; Ch. Lyon-Caen, professeur à la faculté de droit de Paris, délégué du gouvernement français; Bienvenido Oliver y Esteller, membre de l'académie royale d'histoire, sous-directeur au ministère des grâces et de justice, délégué du gouvernement

tions : celle de la lettre de change[1] et celle du droit maritime[2], et les travaux de ces deux sections se sont poursuivis pendant toute une semaine avec un ordre parfait, grâce aux projets savamment élaborés par la commission royale[3].

Voici le résumé des divers travaux du Congrès :

Lettre de change.

Le projet de loi internationale sur les lettres de change, élaboré par la commission royale d'organisation et soumis aux délibérations du Congrès,

espagnol; Charles-A. Peabody, barrister-at-law, ancien juge près la cour suprême de l'État de New-York; le Dr Hermann Rœsler, membre du conseil suprême du Japon, délégué du gouvernement japonais ; le chevalier A. de Wreden, professeur à l'université de Saint-Pétersbourg, délégué du gouvernement russe.

Secrétaires généraux : MM. Léon Biebuyck, directeur au ministère des affaires étrangères de Belgique; Jules Carlier, secrétaire de la société la Métallurgique, de Buxelles; Albert Nyssens, professeur de droit commercial à l'université de Louvain; F. Daguin, secrétaire général de la société de législation comparée, de Paris; le chevalier Marghieri, professeur à l'université de Naples, délégué du gouvernement italien; Spottorno, conseiller à la cour maritime, délégué du gouvernement espagnol.

Secrétaires : MM. J. Dubois, avocat à Bruxelles; Aug. Missotten, avocat à la cour d'appel de Bruxelles, secrétaire de légation honoraire.

1. La section de la lettre de change a été présidée par M. E. Pirmez, directeur de la banque nationale, membre de la chambre des représentants de Belgique.

Vice-présidents : MM. Th. Barclay, barrister-at-law, délégué de la chambre de commerce anglaise, à Paris; Degré, conseiller à la cour suprême, délégué du gouvernement roumain ; le Dr Lothar Johanny, avocat à la cour suprême, délégué du barreau de Vienne; J. Milovanovitch, conseiller à la cour d'appel, délégué du gouvernement serbe; le chevalier César Norsa, avocat, délégué du gouvernement italien; de Seigneux, avocat, délégué de la chambre de commerce de Genève; L. Wurth, directeur de la Banque internationale, délégué du gouvernement du grand-duché du Luxembourg.

Secrétaires : MM. J. Dubois, avocat à Bruxelles; V. Ruyters, docteur en droit, secrétaire de la Banque de Bruxelles.

2. La section du droit maritime a été présidée par M. Victor Jacobs, membre de la chambre des représentants de Belgique.

Vice-présidents : MM. le conseiller d'Oliveira-Chamisso, délégué de l'association commerciale de Lisbonne; Herslow, référendaire à la cour suprême, délégué du gouvernement suédois; Molengraaff, professeur à l'université d'Utrecht, délégué du gouvernement des Pays-Bas; de Montgomery, procureur général au Sénat, délégué du gouvernement de Finlande; Platou, conseiller à la cour suprême, délégué du gouvernement norvégien; Rolin-Jaequemyns, membre de la Chambre des représentants de Belgique, président de l'Institut de droit international; Sir Travers Twiss, conseiller de la Reine, président de l'association pour la réforme et la codification du droit des gens.

Secrétaires : MM. V. Bonnevie, avocat à la cour d'appel de Bruxelles; Ch. Constant, avocat à la cour d'appel de Paris; A. Schicks, avocat à Anvers; J. Van den Broeck, avocat à la cour d'appel de Bruxelles; M. Van Meenen, avocat à la cour d'appel de Bruxelles.

3. *Projet de loi internationale sur les lettres de change et autres titres négociables*, élaboré en vue du Congrès international de droit commercial d'Anvers par la commission

comprenait 57 articles accompagnés d'un exposé de motifs. Voici quelles étaient les principales dispositions de ce projet :

Les conditions essentielles de la lettre de change sont au nombre de cinq. Il faut, tout d'abord, que le montant de la lettre soit indiqué; elle doit, en second lieu, énoncer le nom de la personne qui doit payer; puis celui de la personne en faveur de laquelle la lettre est créée (sauf en cas de lettre de change en blanc); enfin la mention que la lettre est à ordre ou au porteur et la signature du tireur. Le projet de loi n'admet pas l'insertion de la clause *non à ordre*. « Une lettre de change qui ne serait pas transmissible par voie d'endossement, dit l'exposé des motifs du projet de loi, ne pourrait circuler librement, et il n'y a aucune raison de la soumettre au droit de change, qui a été créé spécialement pour les titres cessibles par ce mode de transfert commercial. »

La lettre de change peut encore être soumise à trois autres conditions : la date, l'époque et le lieu de payement. Mais ces trois conditions ne sont pas essentielles et leur défaut, comme les cinq premières conditions, n'enlève pas à l'écrit sa validité comme lettre de change. Ainsi la lettre de change sera payable à vue si elle n'indique pas l'époque de l'échéance, et au domicile du tiré si elle n'énonce pas le lieu de payement.

Le projet de loi ne dit pas si la somme à payer doit être écrite en chiffre ou en lettre; il laisse à cet égard toute liberté; mais, en cas de différences entre deux sommes exprimées sur la lettre de change, l'une en chiffres et l'autre en lettres, c'est la somme écrite en lettres qui fera la loi des parties.

La provision, qui est la contre valeur de la lettre de change, doit être naturellement fournie par le tireur, et il suffit qu'elle existe au moment de

royale d'organisation (section de la lettre de change). — Bruxelles, F. Hayez, imprimeur, 1885; broch. in-8° de 54 pages.

Étude sur le contrat à la grosse, faite en vue du Congrès du droit commercial d'Anvers, par *Victor Jacobs*, avocat, vice-président de la section du droit maritime de la commission organisatrice du Congrès. — Bruxelles, imprimerie Pollenis, 1885; broch. in-8° de 38 pages.

Étude sur les assurances maritimes et les avaries, faite en vue du Congrès du droit commercial d'Anvers, par *Victor Jacobs*, avocat. — Bruxelles, imprimerie Pollenis, 1885; broch. in-8° de 83 pages.

En dehors de ces trois brochures, publiées au nom de la commission organisatrice du Congrès, il en a été distribué un grand nombre d'autres sous forme de *Réponses au Questionnaire relatif au Droit maritime*. Nous citerons notamment celles de M. le président Th. Smekens, sur les navires (propriété, privilèges, hypothèque); de M. Germain Spée, greffier du tribunal de commerce d'Anvers, sur les conflits de la loi; de M. Sainclette, sur l'abordage, le sauvetage et l'assistance, etc.

Nous devons citer également les *Notes* de M. Paul Boselli, délégué du gouvernement italien, *sur le droit maritime en Italie* (volume in-8° de 324 pages et CXCVII pages); l'étude de M. Ch. Lejeune, courtier d'assurances maritimes à Anvers, sur *Les Clauses d'irresponsabilité des connaissements* (volume in-8° de 207 pages); les brochures et tableaux de MM. Edmond Picard et Victor Bonnevie, avocats à Bruxelles, *Étude préliminaire et documents sur l'abordage, l'assistance et le sauvetage* (brochure in-4° de 16 pages); etc., etc.

l'échéance de la lettre. Mais quels sont les droits du porteur sur la provision en cas de faillite du tireur?

Le projet de loi de la commission royale belge résolvait cette question délicate et controversée en décidant que « la provision doit revenir au porteur qui, lors de l'endossement, a payé au tireur le prix de la traite. » Si la provision était insuffisante, en cas d'émission de plusieurs lettres de change sur la même personne, les traites acceptées devront toujours être payées avant les traites non acceptées.

L'acceptation de la lettre de change, lors de la présentation, est une obligation pour le commerçant qui a consenti à laisser tirer sur lui des traites; à moins cependant de convention contraire.

En principe, le porteur est libre de présenter ou de ne pas présenter la lettre à l'acceptation du tiré; mais la présentation s'impose lorsque la lettre est payable à un certain temps de vue. La présentation doit alors avoir lieu dans le délai indiqué par la lettre et, à défaut d'indication de délai, le projet de loi en prescrivait un de six mois à partir de la date de la lettre.

L'acceptation doit être écrite sur la lettre de change; elle ne peut être donnée par acte séparé. Aucune forme n'est imposée au tiré pour l'acceptation; sa simple signature apposée au recto de la lettre emporte acceptation de sa part.

Le porteur peut exiger une acceptation conditionnelle; si le tiré n'accepte que conditionnellement, le porteur peut faire dresser un protêt faute d'acceptation. S'il l'agrée, cette acceptation conditionnelle fera la loi des parties. Mais si le porteur a le droit de refuser une acceptation conditionnelle, il est tenu d'agréer l'acceptation partielle; seulement il doit faire protester pour le surplus, s'il veut se ménager son recours tant contre le tireur que contre les endosseurs.

La signature apposée sur le recto de la lettre de change équivaut à un aval; celle qui est apposée sur le verso équivaut à un endossement.

Par l'endossement, le cessionnaire acquiert non seulement la propriété de la lettre, mais encore toutes les garanties quelconques qui y sont attachées, tels que les droits de gage et d'hypothèque. Après l'échéance, le tiré peut opposer, à quiconque est devenu propriétaire de la lettre de change, toutes les exceptions qui lui compétaient contre celui qui était porteur au jour de l'échéance. Tous les endosseurs indistinctement restent tenus vis-à-vis du porteur.

L'aval ne doit pas être nécessairement, comme l'endos, écrit sur la lettre de change; on peut le donner aussi par acte séparé.

Le porteur d'une lettre de change doit en exiger le payement au jour de l'échéance. Lorsque ce jour est un jour férié légal, la présentation doit avoir lieu la veille. En règle générale, le créancier n'est pas tenu d'accepter un payement partiel; mais par dérogation à ce principe, le porteur d'une lettre de change devra recevoir tous payements partiels offerts par le tiré, en les imputant à sa décharge et à celle des endosseurs; toutefois le porteur ne peut être contraint à recevoir un payement anticipé.

Lorsque les lettres de change ont été émises à plusieurs exemplaires, le payement doit avoir lieu sur la traite acceptée. S'il n'y a pas eu d'acceptation, le tiré est libéré dès qu'il a payé sur l'un quelconque des exemplaires de la lettre qui lui est présentée au jour de l'échéance.

Le juge ne peut accorder aucun délai de grâce pour le payement d'une lettre de change.

Le protêt, faute de payement, n'est pas absolument nécessaire et peut être remplacé par tout autre acte ou déclaration.

La clause *sans frais* peut être invoquée par le porteur non seulement contre celui qui l'a apposée sur la lettre, mais encore contre tous les endosseurs ultérieurs.

L'intervention d'un tiers soit pour accepter, soit pour payer la lettre de change, en cas de refus du tiré, est admise; mais le porteur n'est pas tenu de se contenter de l'acceptation faite par un tiers, et conserve tous ses droits de recours contre le tireur et les endosseurs et peut les exercer immédiatement s'il le juge à propos.

Tout tiers peut payer la lettre de change protestée à la décharge de l'intéressé qu'il désigne, et ce payement subroge l'intervenant dans tous les droits de celui pour le compte de qui il a payé. Toutefois l'intervenant n'a pas un recours contre tous les garants du porteur; il ne peut agir que contre la personne dont il a voulu sauvegarder la signature et contre les garants de cette personne, indépendamment des droits qu'il peut avoir contre le tiré.

Tous ceux qui ont signé la lettre de change sont solidairement responsables.

En matière de lettre de change, tous les engagements sont considérés isolément; la nullité de l'un est sans influence sur la validité de l'autre; ainsi l'obligation du donneur d'aval subsiste lors même que la signature de la personne cautionnée serait fausse ou n'impliquerait aucun engagement.

En cas de perte de lettre de change, celui qui a perdu la lettre peut s'adresser au tribunal du lieu où elle était payable, pour en demander l'annulation. Le jugement qu'il obtient constitue le nouveau titre. Mais comme il est juste que le tiré soit assuré de ne pas devoir payer deux fois, le propriétaire d'une lettre perdue dont il demande le payement est obligé de fournir caution, ou bien il n'a droit qu'au dépôt judiciaire de la somme due par l'accepteur.

Toutes actions relatives aux lettres de change se prescrivent par cinq ans.

En présence de ce projet de loi si complet, dont nous venons de résumer fidèlement les grandes lignes, le Congrès d'Anvers a tout d'abord décidé qu'il ne se contenterait pas de poser des principes généraux et de les proposer à la sanction des divers États, mais qu'il essaierait de rédiger une loi type, pouvant devenir « nationale » pour tous les pays qui l'adopteraient.

Mais, avant d'aborder les questions de détail relatives à la nature et aux effets de la lettre de change, il convenait de déterminer la capacité des personnes ; et le Congrès a adopté les deux articles suivants[1] :

1. *Est capable de s'obliger par lettre de change ou par billet à ordre quiconque est capable de s'obliger civilement ou commercialement.*

2. *L'étranger incapable de s'obliger par lettre de change ou par billet à ordre en vertu de la loi de son pays, mais capable d'après la loi du pays où il appose sa signature sur la lettre de change ou sur le billet à ordre, ne peut pas invoquer son incapacité pour se soustraire à ses obligations.*

En votant l'article 2, le Congrès a eu surtout pour but de protéger le commerce contre les incapables de mauvaise foi et d'éviter par exemple, — ce qui s'est produit trop souvent — que des escrocs, mineurs d'après la loi de leur pays et majeurs dans le pays où ils contractent, puissent profiter de cette circonstance pour surprendre la bonne foi du public. Bien que dérogeant au principe général qui veut que l'incapable soit protégé par sa loi nationale, la règle posée, en matière de lettre de change, par le Congrès d'Anvers nous semble être regardée comme indispensable à la sécurité des relations commerciales internationales.

Ces deux principes généraux une fois posés, le Congrès a abordé la discussion des divers articles du projet de loi qui lui était soumis.

On remarquera tout d'abord que le Congrès s'est contenté de dire que la lettre de change est « un ordre pur et simple de payer » et s'est abstenu de donner de la lettre de change une plus ample définition, comme certains membres l'y avaient convié. Exprimer clairement (art. 3) ce que doit contenir nécessairement la lettre de change pour être valable, c'est là l'important; peu importe de s'attacher à une définition inutile et sur les termes de laquelle les opinions peuvent varier à l'infini. Les codes allemand, belge, français, italien et suisse ne définissent pas d'ailleurs la lettre de change, et jamais les jurisconsultes ou les commerçants n'ont souffert de cette prétendue lacune.

Il était également inutile d'exiger comme indispensable l'énonciation dans l'écrit même, que cet écrit est une lettre de change. Tous les jours, dans la pratique, nous rencontrons des traites qui portent « payez par ce mandat... » ou bien encore : « payez à l'ordre de... » et qui sont de véritables lettres de change. Pourquoi les annuler comme lettres de change par le seul motif qu'elles ne portent pas expressément qu'elles sont des lettres de change, si elles réunissent d'ailleurs les autres conditions requises?

L'article 4 du projet a donné lieu à une discussion assez intéressante sur la question de savoir si le nom de la personne à qui la lettre de change est payable peut être laissé en blanc. Le Congrès s'est prononcé pour l'affirmative. Il a également admis, conformément à la législation de l'Angleterre,

1. Ces deux articles sont la reproduction à peu près textuelle de ceux adoptés par l'*Institut de droit international,* dans le projet de loi publié, avec un rapport de l'avocat Norsa, dans l'*Annuaire de l'Institut,* 7e année, pag. 53 et suivantes (Bruxelles, Muquardt, 1885).

de l'Italie, de la Hongrie et de la Suisse, que la lettre de change, tout comme l'endossement, peut être non à ordre. La clause *non à ordre* nous semble conforme aux nécessités de la pratique; il peut être utile, en effet, pour le porteur d'une lettre de change, qui se propose d'encaisser lui-même, de pouvoir se garantir contre la perte ou le vol de la lettre : la mention *non à ordre* répond à ce besoin.

Parmi les énonciations nécessaires à la validité de la lettre de change, le Congrès n'a pas compris la date. Il serait, en effet, bien rigoureux d'enlever toute valeur à une lettre de change sur laquelle la date aurait été omise. M. Albert Oboussier, agent de change à Anvers, a très bien fait comprendre le danger d'exiger la date à peine de nullité de la lettre de change : « Je suis exportateur, a-t-il dit, et je reçois d'un correspondant de Buenos-Ayres, en couverture de mes envois, une traite de 90 jours de vue sur Londres, sur laquelle, par oubli, la date a été omise; j'envoie la traite à Londres pour acceptation, mais le tiré, sous prétexte, parfaitement légitime, qu'il ne peut accepter une traite qui, de par la loi, n'existe pas, me la retourne pour régularisation par le tireur. Je me vois forcé de passer par cette formalité. Mais il se fait qu'entre temps le tireur a fait faillite, le tiré se gardera d'accepter la traite régularisée, et il ne me reste qu'à faire valoir mes droits auprès du syndic de la faillite du tireur. Me voilà donc, porteur innocent, de bonne foi, entraîné malgré moi dans un sinistre, pour une simple omission de date, pour une futilité, et cela au profit du tiré qui aurait sans aucun doute accepté, si lors de la première présentation à l'acceptation, l'effet avait été daté. »

Cet exemple frappa le Congrès; la proposition de M. Oboussier fut appuyée par M. Level, délégué de l'Union des Banquiers de Paris, et il a été admis que si la lettre de change devait, en général, être datée (art. 6), l'omission de la date n'entraînerait pas sa nullité.

Mais toutes les solutions que nous venons d'indiquer sont en quelque sorte secondaires, et tout l'intérêt de la discussion s'est porté sur la question de la provision. On peut même dire que c'est là la seule question qui ait réellement passionné et divisé les membres du Congrès.

Quels sont donc les droits du porteur de la lettre sur la provision en cas de faillite du tireur?

« Le porteur, disait l'article 10 du projet de loi soumis au Congrès, a vis-à-vis des créanciers du tireur, un droit exclusif à la provision qui existe entre les mains du tiré, lors de l'exigibilité de la traite. » — C'est le système franco-belge; mais l'école italo-allemande ne peut l'admettre : suivant elle, le porteur n'a pas de privilège sur la provision (bien entendu lorsque la lettre n'a pas été acceptée); la lettre de change est un simple contrat, sans autre cession de droits, par lequel le tireur s'engage envers le preneur et les endossseurs ultérieurs à faire accepter et payer la traite à l'échéance; la provision est hors de cause et ne concerne que le tireur et le tiré. D'après l'école franco-belge, au contraire, la lettre de change, une fois endossée, transmet en même temps au preneur un droit exclusif, privilégié, sur la provision lors de l'exigibilité de la traite. Dans ce système, lettre de change et provision forment un tout inséparable; la lettre est aussi bien l'instrument, le résultat d'un contrat que le contrat lui-même.

La discussion a été vive au Congrès et s'est prolongée plusieurs séances sur cette controverse, d'ailleurs plus théorique que pratique, il faut bien le reconnaître. Les italo-allemands ont exposé que, dans leurs pays, on s'efforce de réduire le plus possible les créanciers privilégiés; qu'il n'y a du reste aucune raison pour donner au porteur d'une lettre de change des avantages sur les autres créanciers du tireur; en Allemagne on s'inquiète avant tout de la solvabilité du tireur et, pour se mettre à l'abri de son insolvabilité, on se hâte de faire accepter la traite par le tiré. Les franco-belges ont fait observer qu'ils tenaient surtout à la provision, dans le but d'éviter la circulation des billets de complaisance; à quoi les italo-allemands ont répondu que leurs lois offrent, à cet égard, tout sécurité : le failli qui s'est livré à une circulation d'effets de complaisance est toujours menacé d'une condamnation comme banqueroutier. Enfin, les délégués anglais sont intervenus dans le débat et, soutenant avec énergie le système italo-allemand, ils ont affirmé que jamais le public anglais n'acceptera la théorie franco-belge.

Le vote sur cette question s'est ressenti de l'ardeur de la discussion; après plusieurs épreuves par assis et levé déclarées douteuses, il a été procédé à un vote par appel nominal. La majorité s'est prononcée pour le système franco-belge; tous les représentants des autres pays ont voté contre, sans exception; mais, en présence de ce vote, il a été loyalement reconnu par le bureau de la section de la lettre de change que la majorité des voix ne représentait que la petite minorité des pays, et qu'il convenait, dès lors, de soumettre à nouveau, les deux systèmes à la discussion d'un nouveau Congrès.

Le Congrès d'Anvers ne s'est donc pas prononcé sur la question de provision, et le plus grand nombre de ses membres français et belges ne se sont pas dissimulé que le courant moderne réclamait la suppression du privilège accordé jusqu'ici au porteur de la lettre de change sur la provision; que ce privilège constituait un système suranné qui ne tardera pas à disparaître de toutes les législations[1] et que, une fois les droits du porteur réduits aux prétentions du simple créancier, la provision disparaîtra du code sur la lettre de change. D'ailleurs, l'accord une fois établi sur ce seul point, une législation internationale uniforme sera chose facile en matière de lettre de change et autres titres négociables : la question de provision est véritablement la seule au sujet de laquelle existent des divergences sérieuses.

1. La loi allemande sur la lettre de change date de 1848. Depuis lors, l'Autriche, la Hongrie, la Suède, la Norwège, le Danemarck, la Suisse et l'Italie ont refondu leur législation sur le même objet dans le sens de la loi allemande, qui peut d'ailleurs être, sur ce point, rangée parmi les monuments importants de l'histoire du droit européen. (Th. Basclay, *Note sur la lettre de change au Congrès d'Anvers*.— Paris, Cotillon, 1885; broch. in-8° de 12 pages.)

Faut-il noter maintenant quelques résolutions de détail prises par le Congrès; par exemple : le délai exigé pour l'acceptation, lorsqu'il s'agit de lettres de change tirées d'un continent sur un autre, a été fixé à huit mois; — le tiré, tant qu'il n'est pas dessaisi du titre, peut biffer son acceptation en dedans les vingt-quatre heures de l'acceptation; — l'endossement doit être écrit sur la lettre de change, ou sur une copie de la lettre, ou sur une feuille annexée à la lettre ou à la copie (allonge); il est valable, même si l'endosseur s'est borné à écrire son nom ou sa raison de commerce au-dos de la lettre de change ou de la copie, ou dans l'allonge (endossement en blanc).

Le Congrès a adopté également une proposition tendant à insérer dans la loi un article ou paragraphe sur les duplicata et copies et déterminant les conditions requises pour que celles-ci soient valables, de même que les obligations du dépositaire de l'original vis-à-vis du porteur régulier d'une copie ou d'un duplicata.

C'est, en somme, le texte de la loi suisse (art. 783, 785 à 789) qui a été adopté sur ce point.

Le Congrès a encore emprunté à la législation anglaise une disposition aux termes de laquelle si une lettre de change porte qu'elle est payable à un certain délai de date et que la date de création a été omise, ou si l'acceptation d'une lettre de change, tirée à un certain délai de vue, n'est pas datée, chaque porteur est en droit d'inscrire sur la lettre la date réelle de création ou d'acceptation. Cette inscription, toujours présumée exacte, même si elle ne l'était pas, servira de base pour fixer la date du payement.

C'est enfin à l'*Institut du droit international* que le Congrès a emprunté la disposition suivante : Le débiteur payant tout le montant de la lettre de change a le droit d'exiger que le porteur lui remette la lettre acquittée; si le débiteur fait un payement partiel, il peut seulement exiger que ce payement soit mentionné sur la lettre de change et qu'on lui en donne quittance sur une copie de la lettre.

Toutes ces résolutions, on le voit, constituent des points de détail sur lesquels l'entente a été facile.

Tel est le résumé des travaux de la section de la lettre de change. Nous n'avons pas à insister davantage sur l'intérêt qui s'y attache, et nous croyons que, soumis à l'épreuve d'un second Congrès composé de jurisconsultes éminents et d'hommes d'affaires consommés, le projet de loi de la commission royale, amendé par le Congrès de 1885, sortira définitivement de la théorie pour passer dans la pratique, c'est-à-dire dans les législations de tous les pays[1].

1. Avant de clore ses travaux, le Congrès d'Anvers (section de la lettre de change), a émis les vœux suivants que nous devons signaler :

1° La réduction, dans la mesure du possible, des frais de protêts; c'est-à-dire supprimer la dénonciation de protêt par exploit d'huissier, et la remplacer par des cartes postales, à détacher d'un registre à souches, et qui seraient expédiées au tireur et aux

Voici le texte du projet de loi internationale qui a été adopté par le Congrès :

TITRE Ier.

De la lettre de change et du billet à ordre.

1re SECTION.

De la capacité.

Art. 1er. — Est capable de s'obliger par lettre de change ou par billet à ordre quiconque est capable de s'obliger civilement ou commercialement.

Art. 2. — L'étranger incapable de s'obliger par lettre de change ou par billet à ordre, en vertu de la loi de son pays, mais capable d'après la loi du pays où il appose sa signature sur la lettre de change ou sur le billet à ordre, ne peut pas invoquer son incapacité pour se soustraire à ses obligations.

2e SECTION.

Des lettres de change.

§ 1. — *De la nature de la lettre de change.*

Art. 3. — La lettre de change est un ordre pur et simple de payer, qui doit contenir :

1o L'indication de la somme à payer;

2o Le nom de celui qui doit payer;

3o L'indication qu'elle doit être payée à un tiers ou qu'elle est *à ordre* ou *au porteur*.

4o La signature de celui qui l'a créée.

Art. 4. — L'indication du nom de celui à qui la lettre de change doit être payée peut être laissée en blanc.

La lettre de change créée à l'ordre du tireur n'est parfaite que par l'acceptation ou par l'endossement.

La dénomination de « lettre de change » implique qu'elle est *à ordre,* à moins que le contraire ne soit indiqué.

Art. 5. — L'écrit dans lequel fait défaut une des conditions prescrites par les articles précédents, ne produit pas d'effets en vertu du droit de change.

Art. 6. — La lettre de change est datée, elle indique l'époque et le lieu du payement.

Si une lettre de change n'est pas datée, c'est au porteur, en cas de contestation, à établir la date. Si elle n'indique pas l'époque du payement, elle est

divers endosseurs par l'administration des postes. (Proposition de M. l'avocat Jitta, délégué du gouvernement hollandais.)

2o L'organisation d'un service international pour l'encaissement et l'acceptation des effets de commerce.

3o La création d'un timbre unique et international pour les effets tirés d'un pays sur un autre, et se substituant aux trois timbres : timbre du pays d'émission, timbre du transit dans les pays où l'effet est endossé, et timbre du pays où l'effet est payé; ce timbre serait uniformément institué à l'instar du timbre postal. (Proposition de M. Pirmez, directeur de la Banque nationale de Belgique.)

payable à vue. Si elle n'énonce pas le lieu, elle est payable au domicile du tiré.

Si une lettre de change est tirée à plusieurs exemplaires, elle l'exprime, à peine de dommages-intérêts contre le tireur.

§ 2. — *De la provision.*

DISPOSITIONS ALTERNATIVES.

Système franco-belge.	*Système italo-allemand.*
Art. 8. — La provision doit être faite par le tireur ou, si la lettre est créée pour le compte d'autrui, par le donneur d'ordre.	Art. 8. — Les rapports entre le tireur et le tiré se règlent par le droit commun.
Art. 9. — Il y a provision si, à l'échéance de la lettre de change, le tiré est, jusqu'à concurrence du montant de celle-ci, débiteur d'une valeur quelconque vis-à-vis du tireur ou du donneur d'ordre.	Art 9. — La lettre de change n'emporte ni cession, ni affectation privilégiée de ce que le tiré peut devoir au tireur.
Art. 10. — Le porteur a, vis-à-vis des créanciers du tireur, un droit exclusif à la provision qui existe entre les mains du tiré, lors de l'exigibilité de la traite.	Art. 10. — L'acceptation par le tiré le libère, jusqu'à due concurrrence envers le tireur.

Art. 11. — Si plusieurs lettres de change ont été émises par le même tireur sur la même personne et qu'il n'existe entre les mains du tiré qu'une provision insuffisante pour les acquitter toutes, elles sont payées de la manière suivante :

Les traites acceptées sont payées par préférence à celles qui ne le sont point.

En cas de concours entre plusieurs traites acceptées, ou entre plusieurs traites non acceptées, elles sont payées au marc le franc.

§ 3. — *De l'acceptation.*

Art. 12. — Entre commerçants et pour dettes commerciales, le créancier a le droit, sauf convention contraire, de tirer sur son débiteur une lettre de change pour une somme qui n'excède pas le montant de la dette, et le tiré est tenu d'accepter.

Art. 13. — La présentation à l'acceptation n'est obligatoire que pour les lettres de change payables à un certain temps de vue.

Le porteur d'une lettre de change payable à un certain temps de vue doit, sous peine de perdre ses droits de recours, la présenter à l'acceptation dans le délai indiqué par la lettre ou, à son défaut, d'indication, dans les quatre mois de sa date, si la lettre est tirée du même continent, et dans les huit mois si elle est tirée d'un autre continent.

Art. 14. — L'acceptation doit être écrite sur la lettre de change, la simple signature apposée par le tiré sur la lettre de change vaut acceptation.

Art. 15. — L'acceptation doit être donnée dans les vingt-quatre heures; elle ne peut être conditionnelle, mais elle peut être restreinte quant à la somme acceptée.

Le tiré peut, s'il ne s'est pas dessaisi du titre, biffer son acceptation aussi longtemps que le délai de vingt-quatre heures, qui lui est accordé ci-dessus, n'est pas expiré.

Art. 16. — Quand la lettre de change est payable dans un lieu autre que le domicile du tiré, celui-ci doit, à défaut d'indication de la lettre, indiquer le lieu où le payement doit être fait.

Art. 17. — Le refus d'acceptation est constaté au domicile réel du tiré par un acte que l'on nomme *protêt faute d'acceptation.*

Art. 18. — Sur la notification du prêt faute d'acceptation, les endosseurs et le tireur sont respectivement tenus de donner une caution pour assurer le payement de la lettre de change à son échéance et d'en effectuer le remboursement avec les frais de protêt et autres frais légitimes..

Il en est de même du donneur d'aval.

Cette caution est solidaire, mais ne garantit les engagements que de celui qui l'a fournie.

§ 4. — *De l'endossement.*

Art. 19. — L'endossement doit être écrit sur la lettre de change, ou sur une copie de la lettre, ou sur une feuille annexée à la lettre ou à la copie (allonge).

L'endossement est valable, même si l'endosseur s'est borné à écrire son nom ou sa raison de commerce au dos de la lettre de change, ou de la copic, ou sur l'allonge (endossement en blanc).

Art. 20. — L'endossement transfère la propriété de la lettre de change avec toutes les garanties réelles et personnelles qui y sont attachées.

Art. 21. — Si l'endossement est postérieur à l'échéance, le tiré pourra opposer au cessionnaire les exceptions qui lui compétaient contre le propriétaire de la lettre au moment où elle est échue.

Art. 22. — Si la lettre a été endossée au profit du tireur, d'un endosseur antérieur ou même de l'accepteur et si elle a été de nouveau endossée par eux avant l'échéance, tous les endosseurs restent néanmoins tenus vis-à-vis du porteur.

Art. 23. — L'endossement est daté; s'il n'est pas daté, c'est au porteur, en cas de contestation, à établir la date.

Art. 24. — Les mentions restrictives qu'un endosseur ajoute à l'endossement lient tous les endosseurs ultérieurs.

§ 5. — *De l'aval.*

Art. 25. — Le payement d'une lettre de change, indépendamment de l'acceptation et de l'endossement, peut être garanti par aval.

Le donneur d'aval est tenu solidairement; sauf convention contraire, il assume toutes les obligations de la personne pour laquelle il s'engage.

Art. 26. — L'aval est écrit sur la lettre de change ou donné par acte séparé.

Art. 27. — La simple signature apposée par un tiers sur le *recto* de la lettre de change vaut aval.

§ 6. — *De l'échéance et du payement.*

Art. 28. — Le porteur d'une lettre de change doit présenter au payement le jour de l'échéance. Si ce jour et un jour férié légal, la présentation doit être faite la veille.

Quand la lettre est payable à vue, elle doit, à défaut d'indication spéciale, être présentée au tiré dans les six mois de sa date.

Si la lettre de change contient l'indication d'un besoin, elle ne doit lui être présentée que s'il est domicilié au même lieu que le tiré.

Art. 29. — La lettre de change doit être payée dans la monnaie qu'elle indique.

S'il s'agit d'une monnaie étrangère, le payement peut être fait en monnaie nationale au cours moyen du change à vue de la veille de l'échéance sur la place la plus rapprochée du lieu du payement, à moins, cependant, que le tireur n'ait prescrit formellement le payement en monnaie étrangère.

Art. 30. — Le porteur de la lettre de change ne peut pas refuser un payement partiel, lors même que l'acceptation a eu lieu pour le tout.

Art. 31. — Le porteur d'une lettre de change ne peut être contraint d'en recevoir le payement avant l'échéance.

Celui qui paye une lettre de change avant son échéance est responsable de la validité du payement.

Art. 32. — Celui qui paye une lettre de change à son échéance et sans opposition, est présumé valablement libéré.

Le débiteur payant tout le montant de la lettre de change a le droit d'exiger que le porteur lui remette la lettre acquittée.

Si le débiteur fait un payement partiel, il peut seulement exiger que ce payement soit mentionné sur la lettre de change, et qu'on lui en donne quittance sur une copie de la lettre.

Il n'est admis d'opposition au payement qu'en cas de perte de la lettre de change, de la faillite du porteur ou de son incapacité de recevoir.

Art. 33. — Si une lettre de change a été tirée à plusieurs exemplaires, le tiré ne se libère, envers le porteur, qu'en payant sur la traite qu'il a acceptée.

S'il n'y a pas eu d'acceptation, le tiré opère sa libération en payant sur le premier exemplaire qui lui est régulièrement présenté.

Art. 34. — Le juges ne peuvent accorder aucun délai pour le payement d'une lettre de change.

§ 7. — *Du protêt.*

Art. 35. — Le refus total au partiel de payement doit être constaté par le porteur, soit dans un acte nommé protêt faute de payement, soit dans une autre forme admise par la loi du pays où la lettre de change est payable.

Art. 36. — Sauf dispositions contraires dans la loi du pays où la lettre de change est payable, le protêt doit être fait le lendemain ou le surlendemain de l'échéance.

Les jours fériés légaux ne sont pas comptés dans ce délai.

Art. 37. — La clause *sans protêt* ou *sans frais* a pour effet, à l'égard de celui qui l'a apposée et des endosseurs ultérieurs, de dispenser le porteur de l'obligation de faire protester la lettre; elle ne prive pas le porteur du droit de faire dresser le protêt et d'exiger le remboursement des frais.

§ 8. — *De l'intervention.*

N° 1. — DE L'ACCEPTATION PAR INTERVENTION.

Art. 38. — Lors du protêt faute d'acceptation, la lettre de change peut être acceptée par un tiers intervenant pour l'un des signataires.

L'acceptation par intervention se fait dans la même forme que l'acceptation du tiré; elle est, en outre, mentionnée dans l'acte de protêt ou à la suite de cet acte.

Art. 39. — L'intervenant est tenu de notifier sans délai son intervention à celui pour qui il est intervenu.

Art. 40. — Le porteur de la lettre de change conserve tous ses droits contre le tireur et les endosseurs, à raison du défaut d'acceptation par celui sur qui la lettre était tirée, nonobstant toutes acceptations par intervention.

N° 2. — DU PAYEMENT PAR INTERVENTION.

Art. 41. — Une lettre de change protestée peut être payée par tout tiers intervenant pour l'un des signataires.

L'intervention et le payement sont constatés dans l'acte de protêt ou à la suite de l'acte.

Art. 42. — Si le porteur refuse de recevoir le payement offert par un intervenant, il est déchu de tout recours contre les personnes qui eussent été libérées par le payement.

Art. 43. — Celui qui paye une lettre de change par intervention est subrogé aux droits du porteur contre la personne pour laquelle il est intervenu, les garants de cette personne et le tiré; il est tenu des obligations qui incombent au porteur quant aux formalités à remplir.

Art. 44. — Si le payement par intervention est fait pour le compte du tireur, tous les endosseurs sont libérés.

S'il est fait pour un endosseur, tous les endosseurs ultérieurs sont libérés.

S'il y a concurrence pour le payement d'une lettre de change par intervention, celui qui opère le plus de libérations est préféré;

Si le tiré qui n'a pas accepté consent à payer la lettre pour quelqu'un des intéressés, il est préféré à tous ceux qui offrent d'intervenir pour la même personne.

§ 9. — *Des obligations et actions.*

Art. 45. — Tous les signataires de la lettre de change sont tenus à la garantie solidaire envers le porteur.

Art. 46. — Toute signature mise sur une lettre de change vaut pour l'engagement qu'elle implique, sans égard à la nullité de tout autre engagement ou à la fausseté de tout autre signature.

Art. 47. — Le porteur d'une lettre de change protestée peut exercer son action en garantie contre tous les signataires de la lettre ou contre chacun d'eux.

Le même droit existe pour chacun des endosseurs contre les endosseurs antérieurs et contre le tireur.

Art. 48. — Les délais dans lesquels doit être exercé le recours en garantie, ainsi que les formalités à exercer dans l'exercice de ce recours, sont déterminés par la loi du pays où l'action est intentée.

Art. 49. — Sauf le cas de force majeure, après l'expiration des délais prescrits :

Pour la présentation de la lettre de change à vue ou à un certain temps de vue;

Pour le protêt faute de payement;

Pour l'exercice de l'action en garantie;

Le porteur de la lettre de change est déchu de tous ses droits contre les endosseurs.

Les endosseurs sont également déchus, après les mêmes délais, de toute action en garantie contre leurs cédants, chacun en ce qui le concerne.

Art. 50. — La même déchéance a lieu contre le porteur et les endosseurs à l'égard du tireur lui-même; ils ne conserveront l'action de change que contre l'accepteur.

Toutefois, le tireur reste obligé pour autant qu'il se trouverait indûment enrichi au détriment du porteur ou des endosseurs.

Indépendamment des formalités prescrites par l'exercice de l'action en garantie, le porteur d'une lettre de change protestée faute de payement peut, en obtenant la permisssion du président du tribunal de commerce, saisir conservatoirement les effets mobiliers des tireurs, accepteurs et endosseurs.

§ 10. — *De la perte des lettres de change.*

Art. 51. — Le propriétaire d'une lettre de change perdue peut en exiger le payement en vertu d'une décision du tribunal où la lettre est payable, en fournissant caution, ou bien demander le dépôt judiciaire de la somme due par le tiré. Le tribunal apprécie la solvabilité de la caution.

L'engagement de la caution est éteint par trois ans si, pendant ce temps, il n'y a eu ni demandes ni poursuites judiciaires.

Art. 52. — En cas de refus de payement, le propriétaire de la lettre de change perdue conserve tous ses droits par un acte de protestation.

Cet acte doit être fait, au plus tard, le surlendemain de l'échéance de la lettre de change perdue.

Il doit être notifié aux tireur et endosseurs dans les formes et délais prescrits pour la notification du protêt.

Pour être valable, il ne doit pas être nécessairement précédé d'une décision judiciaire ou d'une dation de caution.

Art. 53. — Le propriétaire de la lettre de change égarée doit, pour s'en procurer la seconde, s'adresser à son endosseur immédiat, qui est tenu de lui prêter son nom et ses soins pour agir envers son propre endosseur; et ainsi, en remontant d'endosseur en endosseur, jusqu'au tireur de la lettre.

Après que le tireur aura délivré la seconde, chaque endosseur sera tenu d'y rétablir son endossement.

Le tiré qui a déjà donné son acceptation, n'est pas tenu de la rétablir, et le payement ne pourra être exigé de lui que conformément à l'article 51.

Le propriétaire de la lettre de change égarée supportera les frais.

§ 11. — *De la prescription.*

Art. 54. — Toutes actions relatives aux lettres de change se prescrivent par cinq ans, à compter du dernier jour utile pour le protêt ou du jour de la dernière poursuite judiciaire, s'il n'y a eu condamnation ou si la dette n'a été reconnue par acte séparé.

Néanmoins, les débiteurs prétendus seront tenus, s'ils en sont requis, d'affirmer, sous serment, qu'ils ne sont plus redevables, et leurs veuves, héritiers ou ayants cause, qu'ils estiment de bonne foi qu'il n'est plus rien dû.

La prescription, en ce qui concerne les lettres à vue ou à un certain délai de vue, dont l'échéance n'a pas été fixée par la présentation, commence à partir de l'expiration du délai fixé par l'article 13 pour la présentation au tiré.

3e SECTION.

Du billet à ordre et du billet au porteur.

Art. 55. — Ces billets doivent contenir :
1o L'indication de la somme à payer;
2o Le nom de celui à qui le payement doit être fait;
3o La mention que le billet est *à ordre* ou *au porteur;*
4o La signature de celui qui s'oblige.

Art. 56. — Toutes les dispositions concernant la lettre de change qui ne sont pas exclues par la nature du billet à ordre ou du billet au porteur, y sont applicables.

TITRE II.

Des chèques et autres titres négociables.

Art. 57. — Les lettres de change et billets à ordre payables à vue et qui, sous la dénomination de chèques, mandats de payement, bons, accréditifs, etc., sont créés pour régler les payements, doivent être présentés au payement dans les cinq jours de leur date, quand la disposition est faite de la place où elle est payable. Si la disposition est faite d'un autre lieu, le délai de la présentation est est de huit jours, avec augmentation d'un jour par distance de cinq cents kilomètres; ce délai est doublé quand le trajet doit s'effectuer en tout ou partie par voie de mer.

Pour le surplus, les chèques, mandats de payement, bons accréditifs, etc., sont soumis aux dispositions du titre premier.

Droit maritime.

La section de droit maritime, au Congrès d'Anvers, n'avait pas à se prononcer, comme celle de la lettre de change, sur un projet de loi internationale soumis à ses délibérations; soixante-cinq questions lui étaient soumises, et pour essayer d'apporter à chacunes d'elles une solution, la section dut se diviser en quatre commissions : la première devant s'occuper du conflit des lois maritimes et des questions relatives à la définition des bâtiments de mer, aux limites de la navigation maritime, aux privilèges sur les navires et à l'hypothèque maritime; — la seconde ayant à traiter ce qui concerne la responsabilité des propriétaires de navires, le contrat d'affrètement et le connaissement; — la troisième ayant à examiner tout ce qui concerne l'abordage; — la quatrième, enfin, devant traiter des avaries, des assurances maritimes et du contrat à la grosse[1].

Nous allons analyser sommairement les travaux de la section de droit

1. La première et la quatrième commission se sont réunies et ont résolu ensemble toutes les questions qui leur étaient soumises.

maritime, en adoptant la division même des questions soumises aux quatre commissions.

1. — Conflit des lois maritimes.

Lorsqu'on veut essayer de rendre uniformes les lois maritimes des diverses nations, on se trouve presque toujours amené à se préoccuper tout d'abord d'aplanir les conflits qui s'élèvent actuellement entre les lois différentes qui existent ; s'efforcer de faire disparaître les divergences législatives qui engendrent les conflits des lois, c'est encore le moyen le plus sûr d'arriver à l'uniformité des lois maritimes. Aussi, sans méconnaître l'importance des solutions du Congrès d'Anvers, en ce qui concerne la législation uniforme des différents peuples en matière d'abordage, d'avaries, d'assurances, de connaissement, d'affrètement, de contrat à la grosse, etc., il est certain que les solutions données aux questions relatives aux conflits des lois, constitueraient, à elles seules, un progrès immense, si elles recevaient l'assentiment de tous les gouvernements et entraient définitivement comme règles absolues dans les rapports maritimes internationaux.

Une question générale se posait tout d'abord à l'attention du Congrès : *En cas de conflit de lois maritimes différentes, quelle loi faut-il appliquer?*

La tendance du Congrès d'Anvers a été manifestement favorable à l'adoption d'une règle unique, et peu s'en est fallu que le Congrès décidât qu'en cas de conflit de lois maritimes différentes, c'est toujours la *loi du pavillon* qu'il faut appliquer.

Toutefois, les votes du Congrès n'ont pas été jusqu'à admettre cette règle unique qui nous paraît pourtant la meilleure[1], et il a été décidé qu'il ne fallait pas appliquer cette règle générale, mais distinguer, suivant les cas, tout en appliquant, autant que possible, la loi du pavillon, c'est-à-dire la loi du pays dans lequel se trouve le port d'immatricule du bâtiment, en faisant abstraction de la loi du pays du tribunal compétent, de celle du pays dans lequel le navire est saisi, de celle du pays dans lequel a été conclu le contrat donnant lieu au litige.

Puisque le Congrès a cru devoir admettre des distinctions, voici celles qu'il a posées :

a) En cas de contestation sur les privilèges, l'hypothèque ou le nantissement, on suivra la *loi du pavillon*[2].

1. L'adoption de la loi du pavillon comme règle unique de tous les conflits de lois maritimes ne présente qu'un léger inconvénient : celui d'obliger le juge et ses auxiliaires à connaître toutes les lois étrangères. C'est là une difficulté qui n'est pas, en pratique, aussi sérieuse qu'elle paraît tout d'abord et qui ne saurait, en tous cas, se comparer à l'utilité immense de l'application de la loi du pavillon.

2. Le Congrès n'a pas résolu l'intéressante question de savoir ce qu'il adviendra lorsqu'un navire grevé de privilège ou d'hypothèque, *changeant de nationalité*, appartient depuis ce moment à un pays qui ne reconnaît ni hypothèque ni privilège. Il a été seulement répondu que, dans ce cas, on devrait s'en référer aux règles du droit commun et respecter les droits acquis.

b) La *loi du pavillon* régit, en tous pays, les différends relatifs au navire et à la navigation, qu'ils se produisent entre les copropriétaires, entre les propriétaires et le capitaine, entre les propriétaires ou le capitaine et les gens de l'équipage.

c) Les pouvoirs du capitaine pour pourvoir aux besoins pressants du navire, l'hypothéquer ou le vendre, contracter un emprunt à la grosse[1], sont déterminés par la *loi du pavillon,* sauf par lui à se conformer, quant à la forme des actes, soit à la *loi du pavillon,* soit à la *loi du port où il a accompli ses opérations.*

d) La *loi du pavillon* détermine l'étendue de la responsabilité ou de la garantie du propriétaire du navire, à raison des actes du capitaine ou des gens de l'équipage.

e) Le règlement des avaries se fait d'après la *loi du port où se délivre la cargaison.*

f) A l'exception du règlement des avaries communes, pour lequel les assureurs sont censé accepter la loi qui régit les assurés, les contestations relatives au contrat d'assurance maritime doivent, pour les cas non prévus par la police, être tranchées d'après la *loi,* les conditions et les usages *du pays auquel les parties ont emprunté cette police.*

g) L'abordage dans les ports, fleuves et autres eaux intérieures, est réglé par la *loi du lieu où il se produit.*

L'abordage en mer entre deux navires de même nationalité est réglé par la *loi nationale.*

Si les navires sont de nationalité différente, chacun est obligé dans la limite de la *loi de son pavillon* et ne peut recevoir plus que cette loi lui attribue.

h) Si l'abordage a lieu dans les ports, fleuves et autres eaux intérieures, on applique la *loi du lieu où il se produit* pour déterminer la législation applicable aux fins de non-recevoir et aux prescriptions.

Si l'abordage a eu lieu en mer, le capitaine conserve son droit, en réclamant dans les formes et délais prescrits par la *loi de son pavillon, par celle du navire abordeur ou par celle du premier port de relâche.*

i) L'assistance prêtée dans les ports, fleuves et autres eaux intérieures est rémunérée par la *loi du pays où elle se produit.*

L'assistance donnée en mer est rémunérée d'après la *loi de l'assistant.*

Le premier échec fait par le Congrès d'Anvers au principe de la loi du pavillon a été, on le voit, pour le règlement des avaries *communes*[2]; et il a été décidé que, d'accord avec l'usage actuel, il était préférable, en cette matière, de s'attacher à la loi du port où se délivre la cargaison.

Nous avons regretté, pour notre part, cette décision, et après avoir suivi avec tout l'intérêt qu'elles méritaient les observations que cette question a soulevées, nous sommes encore convaincu que c'est encore la loi du pa-

1. Le Congrès ne s'est préoccupé que de la loi servant à déterminer à quelles conditions le capitaine a le pouvoir d'emprunter à la grosse en cours de voyage; mais il ne s'est pas prononcé sur la question de savoir quelle loi doit régir le prêt à la grosse quant au fond, spécialement au point de vue des risques courus par le prêteur.

2. Le Congrès semble n'avoir pas distingué entre les avaries communes et les avaries particulières. Nous raisonnons ici, exclusivement en matières d'avaries *communes* et il nous semble qu'ainsi restreintes la loi du pavillon s'impose. « Je comprends alors la solution de la commission, a dit M. Langlois. »

villon qu'il faut préférer à la loi du port de reste, pour procéder au règlement des avaries communes.

Pour repousser la loi du pavillon, nous n'avons entendu invoquer que des raisons qui nous paraissent insuffisantes; elles se résument en ces deux phrases : 1° l'usage antique et solennel a admis la loi du port de reste; 2° avec la loi du pavillon, il faut que les dispacheurs apprennent et connaissent les lois maritimes de tous les pays.

Nous professons le plus grand respect pour les usages séculaires, surtout en matière commerciale; mais notre respect ne va pas jusqu'à vouloir toujours conserver, et quand même, les anciennes coutumes qui n'ont plus leur raison d'être à notre époque de transformations et de progrès, et ne possèdent plus en leur faveur que l'auréole de leur respectable vieillesse.

Il n'y avait aucun inconvénient à prendre pour base d'un règlement d'avaries communes les lois et les usages du port de reste, lorsqu'un chargement complet avait une destination unique. C'était le cas ordinaire au temps où la navigation à voiles était prépondérante. Mais aujourd'hui où la navigation à vapeur se substitue peu à peu à la navigation à voiles et ne tardera pas même à l'absorber, le cas le plus ordinaire est, et sera, celui où le chargement a des destinations multiples; et alors, quel est le port de reste? Il y en a plusieurs, et dans des pays différents ; et les conflits de loi ne sont pas évités si l'on adopte la loi du port où se délivre la cargaison pour servir de base au règlement des avaries communes survenues en cours de route.

Prenons quelques exemples.— Tel navire à vapeur charge, en raison de son importante capacité, des marchandises à l'adresse de consignataires résidant en des ports situés dans des États différents et n'ayant pas, par conséquent, une législation identique au point de vue de l'établissement du règlement d'avaries communes. Dans ce cas, il y aura plusieurs ports qui seront réputés ports de reste pour chacune des marchandises qui devra y être débarquée et qui, à l'égard des autres marchandises, seront considérés comme ports d'escale. Qu'en résultera-t-il, si l'on applique la loi du port de reste? Un conflit qui recevra difficilement une solution juridique.

Autre exemple.—Un vapeur charge en Europe des marchandises à destination, supposons-le, de divers ports américains. Arrivé à son premier port de destination, il y débarque les marchandises afférentes à ce port, et, comme il doit revenir en Europe immédiatement après avoir touché son dernier port américain, il reçoit pour l'Europe un fret pour le disponible que lui laissent les marchandises débarquées. Il embarque donc de nouvelles marchandises à ce premier port et part pour atteindre son second port de destination où il doit continuer son déchargement. Chemin faisant, il éprouve des avaries qui le forcent à entrer en relâche et qui nécessitent des dépenses qui devront être classées en avaries communes. Quelle sera la loi que l'on adoptera pour classer et répartir ces avaries? — La loi du dernier port de destination, répondra-t-on. Mais quel sera-t-il? Ce ne sera certainement pas le dernier port américain où les marchandises à destination d'Amérique devront être délivrées, puisque nous avons vu que le steamer avait reçu un frêt de retour et avait embarqué au premier port des marchandises à destination européenne. Le port de reste sera-t-il donc en Europe? Nous n'en savons rien quant à présent; le capitaine peut en effet trouver à répéter l'opération que nous lui avons vu faire tout à l'heure, et le navire naviguer ainsi plusieurs mois sans avoir un lieu de reste définitivement caractérisé.

Remarquons que cette hypothèse n'a rien d'anormal, qu'elle se présente fréquemment en pratique et tend de jour en jour à prendre plus de développements. C'est d'ailleurs ce nouvel état de choses qui a provoqué, de la part des compagnies de lignes régulières, des stipulations dans les chartes parties, aux termes desquelles le règlement d'avaries communes sera établi dans un lieu déterminé et suivant des lois déterminées. On a également cherché à faire prévaloir, pour arriver à l'uniformité cherchée, les règles d'York et d'Anvers; mais, au lieu d'adopter ces règles, ne serait-il pas plus simple de laisser à chaque nation la législation de son pavillon.

La loi qui devra présider au classement et à la répartition des avaries communes doit donc être la loi du pavillon, la loi du port d'attache du navire en quelque pays qu'il se trouve. Dans ce cas, plus de conflits possibles. Les chargeurs n'y trouveront certes rien à redire, car, en embarquant leurs marchandises sur tel navire battant tel ou tel pavillon, ils accepteront par le seul fait du chargement la loi du navire transporteur. Ce système est tellement simple, qu'il paraît inutile d'entrer dans de plus amples développements.

Mais objectent les adversaires, comment fera-t-on exécuter ce règlement lors de la délivrance des marchandises, sans leur faire acquitter leur contribution. La pratique a obvié à cet inconvénient au moyen des contributions provisoires.

A ce système on peut encore objecter : comment les réceptionnaires qui auront acquitté une contribution provisoire supérieure à la contribution définitive pourront-ils rentrer dans cet excédent? Comme réponse, il suffit d'indiquer que les compagnies de navigation ont dans tous les ports des agents qui les représentent. Quant aux bateaux qui n'appartiennent pas à des lignes régulières, ils ont toujours des consignataires d'une solvabilité notoire et auxquels les réceptionnaires peuvent réclamer l'excédent de contribution.

Après avoir refusé d'admettre la loi du pavillon pour le règlement des avaries communes, le Congrès d'Anvers a persisté dans cette voie lorsqu'il a eu à s'occuper des conflits de lois en matière d'assurance maritime, d'abordage et d'assistance.

En matière d'assurances maritimes, le principe posé par le Congrès d'Anvers, bien que dérogeant au principe de la loi du pavillon, nous paraît excellent; la règle posée est d'ailleurs conforme à l'intention présumée des assureurs et des assurés : pour les cas non prévus par la police, toutes contestations seront tranchées d'après la loi, les conditions et les usages du pays auquel les parties ont emprunté cette police. Ainsi, qu'un navire anglais, par exemple, s'assure à Bordeaux, aux conditions de la police de Gênes; en cas de contestations, et pour les cas non prévus dans la police, il faudra résoudre les difficultés d'après la police de Gênes, et non suivant la loi française ou la loi anglaise.

Pour résoudre les conflits qui se rapportent aux questions, si diverses et aujourd'hui si nombreuses, relatives à l'abordage, le Congrès d'Anvers s'est tout d'abord demandé quelle sera la législation applicable en cas de collision entre deux navires.

La question a soulevé, au sein du Congrès, une discussion très ardente, et a rencontré l'opposition radicale des délégués anglais et américains : pour eux, jamais un tribunal anglais ne consentira à appliquer une autre loi que la loi anglaise[1]. Le Congrès, à une très grande majorité, a repoussé l'application de la *lex fori* dans tous les cas d'abordage. La loi du lieu où l'abordage se produit ne sera applicable que si l'abordage a eu lieu dans les ports, fleuves et autres eaux intérieures. En cas d'abordage en pleine mer[2] entre deux navires de même nationalité, c'est la loi nationale qu'il faut appliquer; enfin, si les navires sont de nationalité différente, chacun d'eux est obligé dans la limite de la loi de son pavillon.

Les deux premières solutions ont été acceptées par le Congrès sans difficultés; la troisième seule a soulevé des controverses sérieuses. Plusieurs membres voulaient qu'en cas d'abordage en mer entre navires de nationalité différente, on recourût aux principes généraux du droit. Le Congrès a préféré la solution que nous venons d'indiquer, et M. Germain Spée, greffier du tribunal de commerce d'Anvers[3] l'a justifiée en ces termes : « Le principe fondamental en cette matière doit être que celui qui a commis une faute ou qui se trouve dans un cas assimilé par certaines lois à celui de la faute, c'est-à-dire l'abordage douteux, doit être tenu de réparer les conséquences de la faute, conformément à sa loi nationale, est soumis à sa propre loi et non à une loi étrangère. Pour lui, la faute n'existe que dans les conditions et avec les conséquences prévues par sa loi nationale, la seule qu'il doive connaître en mer. Mais si cette loi nationale est plus libérale à l'égard

1. On se rappelle que les délégués anglais et américains ont été aussi affirmatifs, dans la section de la lettre de change, au sujet des questions soulevées à l'occasion des droits du porteur sur la provision : « Jamais, ont-ils dit, le public anglais n'acceptera la théorie franco-belge. » (Voir plus haut, p. 9).

Nous ne faisons ce rapprochement que pour montrer combien l'unification des lois internationales rencontrera, longtemps encore, de vives résistances de la part de certains peuples dont l'admiration, assurément respectable mais peut-être exagérée, pour leurs lois et usages nationaux, ne fléchira pas aisément devant les progrès, même incontestables, réalisés dans les législations des divers pays.

2. En *pleine mer*, c'est-à-dire dans les eaux territoriales ou en pleine mer.

3. C'est M. Germain Spée qui rédige avec tant d'autorité le journal si apprécié de tous ceux qui s'occupent de droit maritime : *Jurisprudence du port d'Anvers*.

de l'adversaire que celle du pavillon de celui-ci, est-il juste et équitable que ce dernier profite de cette circonstance pour recevoir une indemnité plus forte que celle qu'il peut réclamer d'après sa propre loi? »

Quant à l'assistance donnée par un navire à un autre navire en détresse, en cas de conflit de lois, le Congrès d'Anvers a admis la loi de l'assistant lorsque l'assistance est donnée en mer, et la loi du pays où elle se produit lorsque l'assistance est prêtée dans les ports, fleuves et autres eaux intérieures. Cette distinction était nécessaire. Dans la seconde hypothèse, pas de difficultés; mais, dans la première, que décider lorsqu'il y aura plusieurs assistants de nationalités différentes? Rien ne sera plus simple, il suffira, en effet, d'admettre distinctement, pour chaque assistant, une rémunération calculée d'après les dispositions de sa loi nationale.

2. — Uniformité des lois maritimes.

Après avoir posé un certain nombre de règles à l'aide desquelles il a pensé qu'il serait possible de résoudre les conflts de lois maritimes, tant que durerait la diversité des législations, le Congrès d'Anvers s'est efforcé de poser les bases d'une loi internationale maritime et a voté des résolutions relatives : *a*) aux propriétaires de navires et à leur responsabilité; — *b*) au capitaine; — *c*) au connaissement; — *d*) au contrat d'affrètement; — *e*) aux avaries; — *f*) aux assurances maritimes; — *g*) au contrat à la grosse; — *h*) à l'abordage; — *i*) à l'assistance et au sauvetage.

a) *Des propriétaires de navires et de leur responsabilité.*

Toutes les législations s'accordent pour déclarer les propriétaires de navires civilement responsables, vis-à-vis des affréteurs et des chargeurs, des faits de leurs capitaines et de leurs préposés à la cargaison; et le Congrès d'Anvers n'a eu qu'à sanctionner, une fois de plus, cette règle aujourd'hui indiscutable.

Mais, les propriétaires de navires pourront-ils s'exonérer d'avance de leur responsabilité par une clause insérée dans le contrat d'affrètement, de connaissement ou toute autre convention?

Cette question, qui s'est posée récemment dans le monde des affaires maritimes, a soulevé des discussions passionnées. C'est en 1882 qu'elle a fait, pour la première fois, l'objet d'un débat public et solennel, lorsque l'*Association pour la réforme et la codification des lois des nations* l'inscrivit à l'ordre du jour de son Congrès tenu à Liverpool; la question a été de nouveau agitée au Congrès de Hambourg, en août 1885[1]; et enfin au Congrès d'Anvers.

1. Au Congrès de Hambourg comme à celui de Liverpool, la divergence des opinions se manifesta surtout à propos de la clause de certains connaissements, par laquelle

Voici dans quelles circonstances cette question, devenue aujourd'hui si grave, s'est posée.

Autrefois, les connaissements ne contenaient que les énonciations indispensables de l'article 281 du code de commerce français, notamment la spécification des objets à transporter, avec quelques réserves telles que : « Poids et contenu inconnus; » ou bien : « Franc de casse et de coulage. »

Maîs, depuis une vingtaine d'années, sous l'influence du développement constant de la navigation à vapeur, les réserves se sont multipliées. On a vu d'abord réserver la liberté des escales soit pour faire du combustible, soit pour charger et décharger les marchandises; puis est venue l'exonération de l'armateur, quant au vice propre du navire et des machines, quant aux fautes et erreurs nautiques, au vice d'arrimage, et à un grand nombre d'autres cas. Enfin, comme couronnement, l'armateur s'est exonéré, en général, des faits et des fautes de ses préposés.

les armateurs stipulent qu'ils ne seront pas responsables des avaries provenant de collisions, échouements ou autres accidents de navigation, même quand ils seraient occasionnés par la négligence, la faute ou l'erreur de jugement du pilote, du capitaine, des marins ou d'autres employés de l'armateur.

Sur ce point les règles proposées par la chambre de commerce de Hambourg disent, à la règle 1, qu'il serait considéré comme illégal d'insérer dans un connaissement une clause par laquelle la responsabilité des armateurs pour les fautes et négligences de leurs employés, *en tout ce qui concerne leurs devoirs ordinaires en cours de voyage,* pouvait, d'une manière quelconque, être diminuée, affaiblie ou évitée. — Et la règle 2 dit : que les armateurs ne seront pas responsables de pertes provenant de collision, échouement et tous autres accidents de navigation, même quand ils pourraient être attribués à la faute, la négligence ou l'erreur de jugement du pilote, du capitaine, des marins ou d'autres employés de l'armateur.

1° Peut-il être permis aux armateurs de s'exonérer, par une clause des connaissements, de leur responsabilité pour la faute ou négligence des officiers et de l'équipage? La réponse fut négative par 24 voix contre 17.

2° Peut-il être permis aux armateurs de s'exonérer par une clause des connaissements, de leur responsabilité pour l'erreur de jugement des officiers et de l'équipage? La réponse fut affirmative par 23 voix contre 7.

Aussitôt ce vote acquis, la motion suivante fut proposée et adoptée à une grande majorité : « L'Assemblée décide qu'elle fera les démarches nécessaires pour obtenir du Parlement du Royaume-Uni que sa législation soit mise en harmonie avec celle de la plupart des nations maritimes, de telle sorte qu'en cas de perte ou de dommage à des marchandises transportées par mer, la responsabilité de l'armateur soit légalement limitée au navire et au fret. »

On continua ensuite l'examen des règles proposées par la chambre de commerce de Hambourg, qui furent adoptées avec quelques modifications. Le tout fut alors référé à une commission de rédaction qui, dès le lendemain, présenta son travail.

Mais le lendemain la chambre de commerce de Hambourg protesta contre la décision de la conférence dans les termes suivants : « Les délégués de la chambre de commerce de Hambourg, au nom de leurs commettants, déclarent qu'ils regrettent ne pas pouvoir recommander l'adoption générale des règles d'affrètement proposées, la première de ces règles, telle qu'elle a été modifiée par la conférence, mettant à charge des armateurs des responsabilités que, dans leur opinion, on ne peut pas raisonnablement s'attendre à les voir accepter, de sorte que ces règles ne sauraient entrer dans la pratique. » *(Extrait d'un compte rendu de la conférence de Hambourg à la Société commerciale, industrielle et maritime d'Anvers.)*

Pour justifier ces réserves, les armateurs ont signalé[1] la croissance des risques de navigation, abordages, bris de machines, etc. (résultant de la navigation à vapeur), et, par suite, l'augmentation des réclamations contre les armateurs, réclamations qui, à la suite d'une jurisprudence récente, émanent non seulement du tiers abordé, mais du chargement même du navire; — l'institution, en divers pays, de commissions officielles d'enquête appelées à rechercher les causes des incidents graves, et dont les décisions sont le point de départ de poursuites nouvelles en responsabilité de la part des intéressés; — la difficulté de la composition des équipages; — enfin, l'impossibilité de contrôler tous les préposés de l'armement, qui parfois naviguent à des distances considérables.

Il est incontestable que les conditions dans lesquelles opèrent les armements, ont changé radicalement. Avec l'introduction de la navigation à vapeur, nous avons vu s'accroître le tonnage des navires; aux navires de faible tonnage, n'ayant qu'un ou deux réceptionnaires pour une cargaison, se sont substitués les vapeurs, immenses magasins dont le moindre transporte le décuple de ce que portait antérieurement un voilier. Autrefois, l'armateur pouvait connaître ceux envers qui il s'engageait — et on sait à quel point la personnalité du cocontractant est une considération importante dans toute convention; — aujourd'hui, l'armateur est dépouillé de cette garantie, et les réclamations se sont étonnemment multipliées; la jurisprudence a élargi considérablement le champ de la responsabilité des armements... et ceux-ci se sont défendus par l'insertion de clauses restrictives de la responsabilité.

Les clauses de cette nature sont-elles légales en principe? Le propriétaire de navires peut-il stipuler que la responsabilité formulée par la loi sera, dans ses rapports avec les chargeurs, diminuée ou même entièrement écartée?

La cour de cassation de France a, dans un arrêt du 14 mars 1877, décidé « qu'aucune loi ne défend aux propriétaires de navires de stipuler qu'ils ne répondront pas des fautes du capitaine ou de l'équipage. »

En Allemagne et en Angleterre, jurisprudences semblables. Dans les Pays-Bas, les clauses d'irresponsabilité, sans avoir une force absolue, mettent le fardeau de la preuve sur le consignataire; — or, la peuve est souvent impossible à administrer; — ce qui fait que les tribunaux néerlandais n'auraient pas même eu à se prononcer sur cette question. La doctrine, en Belgique, semble aussi admettre la pleine valeur des clauses d'irresponsabilité[2].

1. Nous empruntons les lignes ci-dessus au rapport présenté au Congrès d'Anvers, au nom de la deuxième sous-commission, par M. Maeterlinck, avocat. Ce rapport était un excellent résumé de la remarquable étude publiée par M. Lejeune, courtier d'assurances, sous ce titre : *Des clauses d'irresponsabilité*; Anvers, 1885, vol. in-8°.

2. Voir les *Pandectes belges* dirigées par notre éminent confrère du barreau de Bruxelles, Me Picard. V° *Armateur*, n° 2. — En sens contraire, un jugement du tribunal de commerce d'Anvers du 22 juillet 1884.

Les défenseurs de la légalité des clauses d'irresponsabilité invoquent notamment le principe de la liberté des conventions avec cette seule restriction qu'elles ne soient contraires ni à l'ordre public ni aux bonnes mœurs (art. 1134 du code civil). — Et qui, en présence des décisions des juges français, allemands et anglais, taxera de pareilles clauses d'immoralité ou osera les estimer subversives de l'ordre public?

Les adversaires de ces clauses allèguent la contrainte dans laquelle se trouvent les chargeurs d'accepter la formule de connaissement imposée par les lignes de navigation; ils croient en outre trouver une atteinte à l'ordre public dans le relâchement que l'irresponsabilité du propriétaire de navire vis-à-vis du chargeur doit produire dans l'armement et dans la conduite du navire, dans les dangers qui résultent de ce relâchement pour la vie des équipages.

En présence de ces difficultés et des arguments divers qui lui ont été présentés, le Congrès d'Anvers a cherché un terrain de transaction sur lequel les partisans des deux systèmes pouvaient se rencontrer; et tout en proclamant la liberté des conventions en matière d'affrètement, quelques limites ont été apportées à cette liberté, aussi bien dans l'intérêt de l'armateur, dont l'entreprise pourrait être compromise par des charges exorbitantes, que dans l'intérêt du négociant, qui doit pouvoir compter, dans une mesure sérieuse, sur la valeur du connaissement. Aussi, après avoir établi le principe de la responsabilité des propriétaires du navire, des faits de leur capitaine et de leurs préposés jusqu'à preuve de la force majeure, le Congrès a consacré la faculté de déroger à cette responsabilité, en se contentant de fixer les cas spéciaux où cette faculté n'existe pas.

Ces cas spéciaux sont les suivants :

a) On ne pourra s'exonérer à l'avance des faits du capitaine ou des préposés qui tendraient à compromettre le parfait état de navigabilité du navire[1].

b) On ne pourra s'exonérer des faits du capitaine ou des préposés qui auraient pour effet de causer des dommages par vice d'arrimage, défaut de soins ou incomplète délivrance des marchandises confiées à leur garde[2].

1. Une pareille clause serait contraire au but même que poursuivent les parties en contractant un affrètement; elle ne paraît défendable à aucun point de vue; aussi c'est à l'unanimité que cette première dérogation au principe de la liberté du contrat a été admise.

2. Cette rédaction a été adoptée après une discussion intéressante. Un honorable membre, M. de Querhoënt, délégué de la chambre de commerce du Havre, a proposé un amendement d'après lequel on ne pourrait s'exonérer des faits du capitaine... « qui auraient pour effet de diminuer ou de détruire les obligations résultant pour le propriétaire du navire, du principe du contrat de transport, qui consiste à délivrer les marchandises dans l'état où le transporteur les a reçues, sauf le cas fortuit, le vice propre ou la force majeure. »

Le Congrès a écarté cette proposition. On a fait valoir notamment que cette formule reversait la faculté générale de déroger à la responsabilité fixée par la loi et déjà admise précédemment.

c) Défense de s'exonérer de toute baratterie, de tous faits, actes ou négligences, ayant le caractère de la faute lourde.

Ces trois dispositions qui interdisent aux propriétaires de navires de s'exonérer directement de toute responsabilité de leurs capitaines peuvent être admises, à notre sens, lorsque le capitaine a été choisi par l'armateur; mais elles nous paraissent excessives dans les cas où le capitaine a été choisi en cours de voyage par le consul ou que les gens de l'équipage ont été également choisis par le capitaine, sans le concours de l'armateur[1].

M. Lyon-Caen, de la faculté de droit de Paris, a posé la question de savoir si les armateurs pourraient se faire assurer contre les risques dont on leur défend de stipuler la décharge dans le contrat d'affrètement. Le Congrès n'a pas résolu la question; mais le rapporteur de la deuxième commission a déclaré catégoriquement qu'il ne croyait pas qu'on dût restreindre la faculté de contracter une assurance contre les risques résultant des faits du capitaine[2].

Sur l'étendue de la responsabilité du capitaine, le Congrès l'a limitée, cette responsabilité, à la valeur du navire et du fret au moment de la poursuite, et a admis le principe de l'abandon de ce navire et de ce fret, dans les termes les plus généraux.

Enfin le Congrès d'Anvers a admis que la responsabilité du propriétaire de navire subsiste même quand il en a remis la possession à un affréteur-armateur qui l'exploite (sauf, bien entendu, son recours contre ce dernier) et que, sauf l'application des règles en matière de société, il n'existe point de solidarité entre les divers copropriétaires de parts de navires.

b) *Du capitaine.*

Les solutions relatives au capitaine, admises par le Congrès d'Anvers, se résument dans les suivantes :

En principe, le capitaine répond personnellement de ses fautes à l'égard du chargeur. Par exception, il ne doit pas répondre de ses fautes nautiques,

1. C'est là une distinction qui a échappé, croyons-nous, à tous les législateurs, mais que nous rencontrons dans les polices d'assurances françaises.

2. M. Lyon-Caen critique cette réponse dans le *Journal de droit international privé*, 1885, p. 609; et s'exprime en ces termes : « ... On se demande alors à quoi il peut servir de défendre à l'armateur de faire directement ce qui lui est loisible de faire indirectement au moyen d'une assurance. On ne le voit pas bien. On a donné l'explication suivante : la différence est que, pour se décharger des risques dont il s'agit au moyen d'une assurance, l'armateur doit payer une prime d'assurance, tandis qu'il n'en a pas à payer pour se décharger directement des risques envers les affréteurs par une clause insérée dans le contrat d'affrètement. — L'observation n'est pas exacte. L'armateur qui stipule de l'affréteur qu'il ne sera pas responsable des faits du capitaine, reçoit nécessairement un fret moins élevé que l'armateur qui accepte sans aucune restriction toute la responsabilité que la loi lui impose. Ainsi il y a au préjudice de l'armateur non responsable une différence de fret qui constitue une prime implicite. »

lorsque celles-ci n'ont pas le caractère du dol ou de la faute lourde. Le capitaine ne peut, par des clauses inscrites dans la charte partie ou dans le connaissement, s'affranchir de la responsabilité qui lui incombe.

Une visite doit avoir lieu à des intervalles à déterminer par les législations particulières.

Le défaut de visite à l'époque légale fera disparaître la présomption de bonne navigabilité du navire.

c) *Du connaissement.*

En ce qui concerne le connaissement, le Congrès n'a eu qu'à consacrer les règles généralement admises; elles sont les suivantes :

Le connaissement doit contenir l'indication de la nature et de la quantité, ainsi que les espèces des objets à transporter, indiquer le nom et le domicile du chargeur, le nom du capitaine, le nom de celui à qui l'expédition est faite, le nom et la nationalité du navire, le lieu du départ et les indications relatives à la destination, les stipulations relatives au fret, les marques et numéros des objets à transporter, le nombre des exemplaires délivrés à la date à laquelle il est signé. Le connaissement peut être à ordre, ou au porteur, ou à une personne dénommée.

Il établit entre le capitaine et le chargeur une présomption excluant toute preuve contraire, sauf le cas de dol; le tiers-porteur seul ne peut se voir opposer par le capitaine l'exception déduite du dol du chargeur; les tiers auxquels on oppose le connaissement et notamment les assureurs doivent, même en l'absence de dol, pouvoir faire la preuve contraire.

En cas de désaccord entre le connaissement et la charte partie, il y a lieu de donner la préférence au connaissement.

d) *Du contrat de transport.*

Il n'y a pas eu de discussions, à proprement parler, sur les questions nombreuses relatives à l'affrètement; et le Congrès d'Anvers s'est contenté de poser, pour ainsi dire, en axiome, les quelques règles suivantes, choisies parmi les plus importantes.

La transmissibilité de la charte partie, par voie d'endossement, ne devra pas être interdite par la loi maritime internationale dont on s'efforce de poser les bases.

Le fret de distance, qu'admet l'article 296 du code de commerce français, a été condamné; et, si le navire ne peut achever le voyage commencé, le capitaine sera tenu d'agir de manière à sauvegarder le mieux possible les intérêts du chargeur en réexpédiant les marchandises si les circonstances le permettent.

Si les marchandises parviennent à destination à un fret moindre que celui qui avait été convenu avec le capitaine du navire naufragé ou déclaré innavigable, la différence en moins entre les deux frets doit être payée à ce capitaine. Mais il ne lui sera rien dû si le nouveau fret est égal à celui qui avait été convenu avec lui; et, si le nouveau fret est supérieur, la différence en plus sera supportée par le chargeur.

Il ne sera dû aucun fret pour les marchandises qui, après naufrage ou déclaration d'innavigabilité du navire, ne seront pas parvenues à destination [1].

Le fret entier des marchandises arrivées à destination est dû quel que soit leur état; le chargeur ne peut se libérér par leur abandon [2].

Lorsqu'une marchandise est, dans l'intérêt exclusif de celle-ci, vendue en cours de voyage, le frêt entier est dû, sous déduction des frais épargnés par le capitaine.

Le capitaine, bien qu'ayant le droit de retenir le fret par voie de compensation sur le prix de marchandises vendues, ne peut cependant, sauf convention contraire contenue dans la charte partie, retenir à son bord les marchandises mêmes jusqu'au payement du fret. Pour maintenir l'efficacité de son privilège, il suffit de lui reconnaître le droit de faire déposer la marchandise en mains tierces.

e) *Des avaries.*

Les questions d'avaries ont fourni matière à de brillantes discussions au Congrès d'Anvers [3]. Tout d'abord, il a été décidé qu'il fallait laisser aux diverses législations le soin d'énumérer les principaux cas d'avaries communes, et qu'il suffisait, dans une loi internationale, d'en définir les caractères constitutifs [4]. Ces caractères sont les suivants :

Sont avaries communes toutes dépenses extraordinaires et tous sacrifices, faits volontairement par le capitaine ou par son ordre, pour la sécurité commune du navire et de la cargaison.

Le navire ou la cargaison doit être sauvée, en tout ou en partie; il n'est pas nécessaire que l'un et l'autre le soient.

Il ne suffit pas que la dépense ou le sacrifice soit dicté par un intérêt commun quelconque; le but de cette mesure d'intérêt commun doit être d'échapper à un danger, sans que l'imminence du danger soit requise.

1. Ces diverses solutions sont conformes à la jurisprudence française.

2. On remarquera que le Congrès n'a pas fait ici d'exception pour les liquides sujets au coulage, comme l'admettent, non sans raison, certaines législations.

3. Nous rappellerons ici qu'en 1876 l'Asoociation pour le progrès et la codification du droit des gens a arrêté un ensemble de règles concernant les avaries communes désignées, dans l'usage, sous le nom de Règles d'York et d'Anvers, et dont M. Labraque-Bordenave, avocat à la cour de Bordeaux, a donné une traduction et un intéressant commentaire dans la *France judiciaire*, 2e année, 1re partie, pages 385 à 399.

4. M. Ulrich (de Berlin) et M. Van Peeborgh (d'Anvers) ont dit au Congrès qu'il leur semblait préférable de spécifier les principaux cas d'avarie grosse, et que l'on ne pourra pas arriver à l'uniformité tant souhaitée des lois maritimes sans faire cette spécification. — Nous partageons entièrement leur avis.

Les règles relatives à l'avarie commune doivent s'appliquer même lorsque le danger, cause primordiale du sacrifice ou de la dépense, a été amené soit par la faute du capitaine, de l'équipage ou d'une personne intéressée au chargement, soit par le vice propre du navire ou de la marchandise. Le recours que donne la faute ou le vice propre doit être indépendant du règlement de l'avarie commune[1].

Il importe peu que le salut, au lieu de procéder directement du sacrifice, se produise par suite de circonstances indépendantes.

Toutes ces solutions nous paraissent échapper à la critique et se justifient d'elles-mêmes; elles sont d'ailleurs complètement d'accord avec la pratique généralement suivie dans le règlement des avaries.

Quelle sera la règle à adopter pour la formation de la masse qui doit contribuer au payement des avaries communes? — Les divergences sont nombreuses sur ce point, dans les diverses législations, surtout en ce qui concerne la contribution de l'armateur. Les membres du Congrès d'Anvers ont pensé qu'il convenait de laisser aux intéressés le soin de déduire, dans chaque cas particulier, les charges du fret, ce qui donne le fret net soumis à contribution, et ils ont décidé que la masse contributive devait se composer : 1° de la valeur intégrale qu'auraient eue, au moment et au lieu du déchargement[2], les choses sacrifiées; 2° de la valeur intégrale qu'ont, aux mêmes lieu et moment, les choses sauvées, ainsi que du montant du dommage qui leur a été causé pour le salut commun; 3° du fret net à faire.

Les effets et loyers des gens de mer, les bagages des passagers, les munitions de guerre et de bouche dans la mesure nécessaire au voyage, bien que remboursés par contribution, le cas échéant, ne font pas partie de la masse contributive.

Enfin, voici une dernière règle posée pour le cas où, dans le cours d'un même voyage, il y a eu plusieurs avaries communes successives; dans ce cas, les objets successivement sacrifiés, ou plutôt les indemnités dues à leurs propriétaires, étant grevées d'obligations réciproques, les indemnités relatives au second sinistre pour avoir été sauvées par le premier sacrifice, celles relatives au premir sinistre pour l'avoir été par le second sacrifice, il faut régler simultanément, à la fin du voyage, toutes les avaries communes. Il n'en serait autrement que lorsqu'une marchandise a été débarquée ou embarquée à un port d'échelle, et pour cette marchandise seulement.

1. Un arrêt de cassation de France, en date du 6 juin 1882 (V. *France judiciaire*, 7e année, 2e partie, p. 254 et la note), s'est prononcé en sens contraire. — Nous préférons la solution du Congrès d'Anvers.

2. Sir Travers Twiss préférait les mots : *lieu de destination*, aux mots lieu de déchargement. — Sir John Gorst, demandait : *au lieu de déchargement du reste de la cargaison.* — M. V. Jacobs, proposait : *au lieu où se termine le voyage* ou même encore : *au lieu où le navire et la cargaison se séparent.* — Le texte proposé par la commission : *au lieu du déchargement* a été décidément adopté comme s'appliquant aux cas ordinaires; les dispacheurs sauront bien appliquer le même principe dans les cas extraordinaires.

f) *Des assurances maritimes.*

« Toutes choses ou valeurs, estimables à prix d'argent et sujettes aux risques de la navigation, a dit le Congrès d'Anvers, doivent pouvoir faire l'objet d'un contrat d'assurance maritime valide. »

C'est bien là la règle qui devait prévaloir en matière d'assurances maritimes, c'est celle que vient encore, après plusieurs autres législateurs étrangers, de consacrer le législateur français dans la loi du 12 août 1885 : le système restrictif de l'ordonnance de 1661 a fait son temps et il ne saurait plus être question aujourd'hui d'interdire l'assurance du profit espéré, du fret à faire, du profit maritime, du prêt à la grosse ou les loyers des gens de mer[1].

Néanmoins, le contrat d'assurance maritime doit demeurer un contrat d'indemnité et ne doit avoir pour but ni pour effet de faire réaliser un bénéfice à l'assuré; dès lors, l'assureur doit pouvoir, nonobstant toute stipulation contraire, et même en l'absence de fraude, contester la valeur que le contrat d'assurance attribue à l'objet assuré au lieu et au moment du départ. Il doit pouvoir contester aussi la réalité de la plus-value assurée en cours de voyage.

Si la valeur de l'objet a été agréée par lui, la preuve contraire lui incombe.

Si le profit espéré a été agréé, l'assureur, en cas de contestation, devra justifier que l'évaluation excédait, à l'époque de la conclusion du contrat, le bénéfice auquel il était permis de s'attendre d'après une saine appréciation commerciale.

La même solution s'applique en cas d'assurance de la commission, du courtage ou d'autres avantages à retirer d'objets soumis aux fortunes de mer.

L'assureur peut aussi contester la valeur agréée, si elle est moindre que la valeur réelle, afin d'échapper à l'obligation de payer : 1° une quote-part excessive de l'avarie commune; 2° l'avarie particulière si le montant des dommages mis en rapport avec la valeur réelle n'atteint pas la franchise convenue.

L'assureur du navire assuré au voyage ou à terme, à sa valeur au moment du départ, ne peut contester la valeur assurée à raison d'une dépréciation survenue en cours de risques.

Telles ont été, sur cette question, les solutions admises. L'une d'elles n'a pas été cependant sans soulever une vive controverse; et un certain nombre de membres du Congrès eussent voulu qu'on considérât toujours la valeur agréée, à titre de profit espéré, comme faisant la loi des parties, surtout lorsque le profit espéré a été déclaré séparément[2].

1. Sur l'assurance des loyers des gens de mer, on consultera avec intérêt une étude de M. de Valroger, avocat à la cour de cassation de France, publiée dans la *Revue de droit commercial, industriel et maritime*, année 1883, 1re partie, p. 363.

2. M. Vrancken, bâtonnier de l'ordre des avocats d'Anvers, a proposé en ce sens

Le droit pour l'assureur de contester la valeur assurée, est d'ailleurs un droit qui ne peut s'exercer, dans la pratique, qu'en présence d'une exagération excessive des valeurs assurées[1]; et l'on se demande pourquoi, en matière d'assurance maritime, on ne permettrait pas à l'assureur, comme en matière d'assurance contre l'incendie, de considérer la valeur du navire au moment du sinistre pour fixer le montant de l'indemnité.

Les assurances « pour compte de qui il appartiendra », qui sont d'un usage fréquent, ont été proclamées valables par le Congrès d'Anvers, et cela que l'assuré ait ou n'ait pas mandat du véritable intéressé, et sans que l'assuré doive, en contractant, déclarer s'il a ou n'a pas mandat. Seulement, en cas de sinistre, celui qui réclame l'indemnité doit, préalablement au payement de celle-ci, faire connaître celui pour compte de qui l'assurance a été faite et justifier de l'intérêt de ce dernier[2]. De plus, l'assuré, porteur de la police et du connaissement, est présumé avoir cet intérêt et n'a pas d'autre justification à fournir.

En cas d'aliénation du navire ou des marchandises assurées, le bénéfice de l'assurance doit, en l'absence de stipulation contraire dans la police ou l'acte d'aliénation, passer à l'acquéreur, sans qu'il faille distinguer entre la période pour laquelle la prime était payée au moment de la cession et la période ultérieure. Mais l'assureur reste affranchi des aggravations de risques qui seraient la conséquence de l'aliénation.

Lorsqu'un navire ou des marchandises ont été l'objet de plusieurs assurances successives qui, toutes réunies, excèdent la valeur de la chose assurée, il est certain que l'assuré ne peut pas se prévaloir de toutes les assurances, puisqu'il réaliserait un bénéfice ; dans ces conditions, le Congrès d'Anvers a décidé que les assurances multiples, faites sans fraude, sur les mêmes choses et contre les mêmes risques, par les mêmes intéressés, agissant en personnes ou par mandataires, doivent s'appliquer par ordre de dates. C'est le système adopté, notamment, par le code de commerce français, d'après lequel on ristourne les assurances les plus récentes. Toutefois, le Congrès d'Anvers a voté que l'assurance postérieure faite par l'intéressé ou son mandataire, doit primer l'assurance antérieure, faite dans son intérêt par un tiers sans mandat, même si l'intéressé a ratifié cette première assurance après avoir conclu la seconde. Il n'en doit être autrement que si, en ratifiant la première assurance, l'intéressé a annulé ou postposé la seconde.

l'amendement suivant : « Si le profit espéré a été déclaré séparément et agréé par l'assureur, il ne pourra être contesté. » — La proposition de M. Vrancken a rallié 19 votes contre 29. — Personnellement nous avons voté avec les partisans de la proposition Vrancken, qui nous semble mieux répondre aux nécessités de la pratique et lever toutes les difficultés que la proposition contraire peut faire naître.

1. Voir la brochure de M. de Courcy : *L'exagération des valeurs assurées.* — Paris, 1885, brochure in-8°.

2. Sur les caractères de l'assurance pour compte de qu'il appartiendra, l'on peut consulter un article publié dans la *France judiciaire*, 1re année, 1re partie, p. 9.

Voici encore plusieurs principes, généralement admis, qui ont été votés par le Congrès d'Anvers :

L'assureur ne peut, y eût-il même plusieurs sinistres successifs, être tenu au delà de la somme assurée; mais, à moins de convention contraire, s'il veut ne pas être exposé à payer, outre la somme assurée, l'excédent des frais de sauvetage sur le produit du sauvetage, ainsi que les frais d'expertise et de règlement d'avarie, il doit, dès que le sinistre parvient à sa connaissance ou avant que le sauvetage soit commencé, consentir à payer la totalité de la somme assurée.

L'assureur qui indemnise l'assuré doit être légalement subrogé dans tous ses droits et recours. L'assuré ne peut par son fait porter atteinte aux droits de l'assureur.

L'annulation de l'assurance doit être prononcée s'il est prouvé que, à la date du contrat, l'heureuse arrivée ou le sinistre était notoirement connu au lieu où se trouvait le contractant ou son mandataire.

A moins de stipulation contraire, l'assurance maritime doit ne pas comprendre les risques de guerre, mais, s'il survient un fait de guerre qui modifie les conditions du voyage, l'assurance des risques de mer doit ne cesser ses effets que lorsque le navire est ancré ou amarré au port qu'il atteindra.

A défaut de stipulation expresse, l'assureur maritime ne doit, comme l'assureur terrestre, être responsable que du dommage éprouvé par les objets assurés et des frais faits pour leur conservation, sans avoir à répondre des recours de tiers.

Le droit de délaisser, consacré par l'usage, doit être maintenu en cas de défaut de nouvelles, de prise ou d'arrêt de la chose assurée, quand l'un de ces trois faits se prolonge pendant une durée à déterminer par la loi; il doit aussi être maintenu en cas de perte totale de la chose assurée, mais non en cas de perte s'élevant aux trois quarts.

Le navire, qui n'est pas susceptible d'être réparé, est assimilé au navire perdu.

Les parties restent libres de stipuler d'autres cas de délaissement.

g) *Du contrat à la grosse.*

Bien que le prêt à le grosse tende à disparaître et à être remplacé par le prêt sur hypothèque maritime, le Congrès d'Anvers a pensé qu'il convenait de poser encore, en cette matière, quelques règles générales. « Le respect de la liberté des conventions, a-t-on dit, commande de laisser au propriétaire d'un navire ou d'un chargement la faculté d'emprunter à la grosse; mais, quand la loi admet l'hypothèque maritime et le prêt sur connaissement, il n'y a plus de motif de réglementer légalement le prêt à la grosse fait au propriétaire, ni de lui accorder un privilège. La loi ne doit se préoccuper que du prêt fait au capitaine en cours de voyage. »

Ceci étant admis, il a été décidé que :

Le fret doit pouvoir, isolément aussi bien que conjointement avec le navire, servir d'aliment à un prêt à la grosse.

Le prêt à la grosse sur un objet assuré pour sa pleine valeur doit avoir pour effet de ristourner l'assurance, à due concurrence, à moins que l'emprunt ne soit fait en cours de voyage pour les besoins du navire et du chargement, auquel cas la dépense qui a nécessité l'emprunt est à la charge de l'assureur.

Le prêteur à la grosse doit, sauf convention contraire, contribuer aux avaries, parce qu'il tire profit du sacrifice volontaire; mais les avaries particulières ne doivent rester à sa charge que si elles réduisent la valeur de la chose affectée au prêt au-dessous même de la somme prêtée.

h) *De l'abordage.*

Arrivé à l'examen des questions relatives à l'abordage, il faut reconnaître que le Congrès n'a plus eu le temps d'étudier à fond ses réponses et de peser ses votes, comme il l'avait fait pour les autres questions. Il n'y a plus eu de discussions sérieuses; quelques interruptions de ci, de là; puis des votes successifs sur toute une série de questions qui avaient été, il est vrai, bien posées, mais qui ont été résolues avec trop de hâte[1].

Néanmoins, voici les solutions admises. Il nous semble qu'elles pourront être utilement amendées et complétées, dans un prochain congrès.

En cas d'abordage fortuit ou douteux, chacun supporte son dommage, sans répétition.

En cas d'abordage fautif, le dommage est supporté par l'auteur de la faute.

S'il y a faute commise à bord des deux navires, il est fait masse des dommages, lesquels sont supportés par les deux navires proportionnellement à la gravité qu'ont eue les fautes respectivement commises[2].

Dans chaque cas de collision entre deux navires, il est du devoir du capitaine ou de toute personne ayant charge du navire, et pour autant qu'il le peut sans danger pour ses navire, équipage ou passagers, de rester à proximité de l'autre navire jusqu'à ce qu'il se soit assuré qu'une plus longue assistance était inutile et de donner à ce navire, son capitaine, son équipage et ses passagers, tous les secours possibles et utiles pour les sauver de tout danger résultant de l'abordage.

A défaut de se conformer à ces prescriptions, le capitaine ou toute personne ayant charge du navire sera présumée avoir provoqué l'abordage pour fausse

1. Quelques observations présentées par l'éminent professeur d'Amsterdam, M. Asser, et par M. Ed. Picard, avocat à la cour de cassation de Belgique, sont venues seulement éclairer les votes et guider les membres du Congrès dans les résolutions à prendre.

2. Pour répondre aux délégués anglais, qui s'élevaient vivement contre les difficultés de la division proportionnelle, M. Smekens, président du tribunal civil d'Anvers, a fait fort judicieusement remarquer, sur ce paragraphe, que lorsque une certaine proportion ne pourra être établie clairement par le juge, on appliquera la division par moitié. — D'ailleurs, dans la pratique, tous les jours la division proportionnelle s'établit sans difficulté.

manœuvre, négligence ou défaut de soins, sauf la preuve contraire. Il sera, en outre, passible des pénalités à comminer par la loi de son pays[1].

Le Congrès n'a pas eu le temps, on le voit, d'indiquer ici les formalités qu'il convient de remplir pour faire admettre l'action en réparation des dommages causés par les abordages, les délais dans lesquels ces formalités doivent être accomplies et les fins de non-recevoir pouvant résulter de l'inobservation de ces formalités ou de ces délais.

i) *Du sauvetage et de l'assistance.*

En cette matière, le Congrès a voulu se contenter également de poser quelques règles ainsi conçues :

L'indemnité d'assistance et de sauvetage sera déterminée en prenant surtout en considération les circonstances suivantes : le zèle déployé, le temps employé, les services rendus aux navires, aux personnes et aux choses, les dépenses faites et pertes subies par le sauveteur, le nombre des personnes qui sont intervenues activement, le danger auquel ces personnes ont été exposées, le danger qui menaçait le navire, les personnes ou les choses sauvées, enfin la valeur dernière des objets sauvés, déduction faite des frais.

Les passagers, dont la vie a été sauvée, ne doivent pas contribuer à la rémunération spéciale d'assistance.

Tout contrat fait durant le danger[2] est sujet à rescision[3].

N'a aucun droit à l'indemnité de sauvetage ou d'assistance celui qui a imposé ses services, qui, notamment, est monté sur le navire sans l'autorisation du capitaine present.

Le capitaine qui rencontre un navire, même étranger ou ennemi, en danger de se perdre, doit, s'il le veut, venir à son aide et lui prêter toute assistance, sous des pénalités à comminer par la loi.

Toutefois, dans un échange de discussions qui n'ont pu aboutir à un vote définitif, les membres du Congrès ont reconnu la nécessité d'un protêt, en cas d'abordage, pour conserver les droits de tous les intéressés. Sur le délai, les uns voulaient que la protestation fût formulée dans un délai très court de quarante-huit heures à partir du jour où les intéressés ont eu connaissance des causes de l'événement; les autres se montrèrent partisans d'un délai beaucoup plus long (cinq jours, quinze jours et même un mois). L'entente n'a pu se faire et l'ajournement de la question a été prononcée.

1. Ces deux paragraphes sont la reproduction à peu près textuelle de la législation anglaise.

2. Les mots *durant le danger* s'appliquent au navire, à l'équipage, aux passagers et à la cargaison.

3. La rescision ne peut être réclamée que par l'*assisté;* mais une fois la rescision ou l'annulation obtenue, chaque partie rentre dans ses droits.

j) *Du sauvetage.*

. . . .

Là s'arrêtent les travaux de la section de droit maritime du Congrès d'Anvers, travaux considérables accomplis en six journées d'un travail assidu, pendant six à sept heures par jour, sous l'habile direction de M. Victor Jacobs, son président, et avec la collaboration d'hommes éminents comme MM. Asser, Lyon-Caen, Edmond Picard, Vrancken, Ulrich, sir John Gorstz, Travers Twiss, Smeckens, Germain Spée, Boselli, Lejeune, Langlois, Engels, van Peeborgh, etc., etc., bien connus dans la science et la pratique des lois maritimes.

Pour compléter l'œuvre du Congrès, il reste encore à examiner les questions relatives à la propriété des navires, à l'hypothèque maritime [1], aux privilèges, et aussi à se prononcer sur ce qu'on doit entendre par *navigation maritime* et par *navires* ou *bâtiments de mer*, questions capitales pour bien préciser la limite d'application de la loi internationale maritime dont l'adoption est peut-être malheureusement lointaine, mais dont la possibilité ne nous paraît pas devoir être mise en doute depuis le Congrès d'Anvers de 1885, dont l'œuvre restera certainement comme une des plus considérables qu'aient été tentées, en ces dernières années, en vue d'arriver à l'unification des lois commerciales.

Voici les solutions qui ont été admises :

I. — Conflit des lois maritimes.

1. En cas de conflit de lois maritimes, il ne faut pas appliquer une loi générale, mais distinguer suivant les cas.

2. En cas de contestation sur les privilèges, l'hypothèque ou le nantissement, on suivra la loi du pavillon.

3. La loi du pavillon régit, en tous pays, les différends relatifs au navire et à la navigation, qu'ils se produisent entre les copropriétaires, entre les propriétaires et le capitaine, entre les propriétaires ou le capitaine et les gens de l'équipage.

4. Les pouvoirs du capitaine pour pourvoir aux besoins du navire, l'hypothéquer, le vendre, contracter un emprunt à la grosse, sont déterminés par la loi du pavillon, sauf à se conformer, quant à la forme des actes, soit à la loi du pavillon, soit à celle du port où il accomplit ces opérations.

5. Le règlement des avaries se fait d'après la loi du port où se délivre la cargaison.

6. La loi du pavillon détermine l'étendue de la responsabilité ou de la garantie du propriétaire du navire, à raison des actes du capitaine et des gens de l'équipage.

1. Voir notre commentaire sur la nouvelle loi française concernant l'hpothèque maritime : *L'Hypothèque maritime, commentaire de la loi du 10 juillet 1885;* Paris, 1885, brochure in-8°.

7. A l'exception du règlement des avaries communes, pour lequel les assureurs sont censés accepter la loi qui régit les assurés, les contestations relatives au contrat d'assurance, doivent être tranchées d'après la loi du pays auquel les parties ont emprunté la police.

8. L'abordage, dans les ports, fleuves et autres eaux intérieures, est réglé par la loi du lieu où il se produit.

L'abordage en mer, entre deux navires de même nationalité, est réglé par la loi nationale.

Si les navires sont de nationalité différente, chacun est obligé dans la limite de la loi de son pavillon et ne peut recevoir plus que cette loi lui attribue.

9. Si l'abordage a eu lieu dans les ports, fleuves et autres eaux intérieures, on applique, quant aux fins de non-recevoir et aux prescriptions, la loi du lieu où il s'est produit.

Si l'abordage a eu lieu en mer, le capitaine conserve ses droits, en réclamant dans les formes et délais prescrits par la loi de son pavillon, par celle du navire abordeur, ou par celle du premier port de relâche.

10. L'assistance maritime dans les ports, fleuves et autres eaux intérieures est rémunérée d'après la loi du pays.

Si elle a lieu en mer, elle est rémunérée d'après la loi de l'assistant.

II. — Projet de loi maritime uniforme.

Des propriétaires de navires.

11. Les propriétaires de navires sont civilement responsables vis-à-vis des affréteurs et chargeurs, des faits de leurs capitaines et de leurs préposés relatifs à la cargaison, à moins qu'ils ne justifient que le dommage provient de la force majeure, du vice propre de la marchandise ou de la faute de l'expéditeur.

Il est néanmoins loisible aux parties de déroger par des stipulations particulières à cette responsabilité sauf les exceptions ci-après.

Il doit être interdit aux propriétaires de navires de s'exonérer d'avance de leur responsabilité par une clause insérée dans le contrat d'affrètement, le connaissement ou toute autre convention :

a) Pour tous les faits de leurs capitaines ou de leurs préposés qui tendraient à compromettre le parfait état de navigabilité des navires.

b) Pour tous ceux qui auraient pour effet de causer des dommages par vice d'arrimage, défaut de soins, ou incomplète délivrance des marchandises confiées à leur garde.

c) Pour toute baraterie, tous faits, actes et négligences, ayant le caractère de la faute lourde.

La responsabilité des propriétaires de navires dérivant des faits et engagements de leurs préposés est limitée à la valeur du navire et du fret.

Ils peuvent se libérer de cette responsabilité par l'abandon du navire et du fret ou de leur valeur au moment de la poursuite. (Disposition additionnelle.)

12. Sauf l'application des règles en matière de société, il n'existe point de solidarité entre les divers copropriétaires de parts de navires.

13. La responsabilité du propriétaire subsiste même quand il a remis la possession du navire à un affréteur-armateur qui l'exploite, sauf son recours contre ce dernier.

Du capitaine.

14. En principe, le capitaine répond personnellement de ses fautes à l'égard du chargeur. Par exception il ne doit pas répondre de ses fautes nautiques, lorsque celles-ci n'ont pas le caractère du dol ou de la faute lourde. Le capitaine ne peut pas par des clauses inscrites dans la charte-partie ou dans le connaissement s'affranchir de la responsabilité qui lui incombe.

15. Une visite doit avoir lieu à des intervalles à déterminer par les législations particulières.

Le défaut de visite à l'époque légale fera disparaître la présomption de bonne navigabilité du navire.

Du connaissement.

16. Le connaissement doit contenir l'indication de la nature et de la quantité, ainsi que les espèces des objets à transporter, indiquer le nom et le domicile du chargeur, le nom du capitaine, le nom de celui à qui l'expédition est faite, le nom et la nationalité du navire, le lieu du départ et les indications relatives à la destination, les stipulations relatives au fret, les marques et numéros des objets à transporter, le nombre des exemplaires délivrés et la date à laquelle il est signé. Le connaissement peut être à ordre ou au porteur ou à personne dénommée.

Il établit entre le capitaine et le chargeur une présomption excluant toute preuve contraire sauf le cas de dol; le tiers-porteur seul ne peut se voir opposer par le capitaine l'exception déduite du dol du chargeur; les tiers auxquels on oppose le connaissement et notamment les assureurs doivent, même en l'absence de dol, pouvoir faire la preuve contraire.

En cas de désaccord entre le connaissement et la charte partie il y a lieu de donner la préférence au connaissement.

Du contrat de louage ou du transport maritime.

17. La loi ne doit pas interdire la transmissibilité de la charte partie par voie d'endossement.

18. Si le navire ne peut achever le voyage commencé, le capitaine est tenu d'agir de manière à sauvegarder le mieux possible les intérêts du chargeur en réexpédiant les marchandises si les circonstances le permettent.

Si les marchandises parviennent à destination à un fret moindre que celui qui avait été convenu avec le capitaine du navire naufragé ou déclaré innavigable, la différence en moins entre les deux frets doit être payée à ce capitaine. Mais il ne lui est rien dû si le nouveau fret est égal à celui qui avait été convenu avec lui; et, si le nouveau fret est supérieur, la différence en plus est supportée par le chargeur.

Il n'est dû aucun fret pour les marchandises qui, après naufrage ou déclaration d'innavigabilité du navire, ne seront pas parvenues à destination.

19. Le fret entier des marchandises arrivées à destination est dû quel que soit leur état, et le chargeur ne peut se libérer par leur abandon.

Lorsqu'une marchandise est, dans l'intérêt exclusif de celle-ci, vendue en cours de voyage, le fret entier sera dû, sous déduction des frais épargnés par le capitaine.

20. Le capitaine, bien qu'ayant le droit de retenir le fret par voie de compensation sur le prix de marchandises vendues, ne peut cependant, sauf convention contraire contenue dans la charte partie, retenir les marchandises mêmes à son bord jusqu'au payement du fret. Pour maintenir l'efficacité de son privilège, il suffit de lui reconnaître le droit de faire déposer la marchandise en mains tierces.

Des avaries.

21. L'uniformité des lois maritimes ne peut être établie et maintenue que si ces lois se bornent à définir l'avarie commune, laissant aux parties le soin d'en énumérer les principaux cas.

Sont avaries communes toutes dépenses extraordinaires ou sacrifices, faits volontairement pour la sécurité commune du navire et de la cargaison.

Le navire ou la cargaison doit être sauvé en tout ou en partie, il n'est pas nécessaire que l'un et l'autre le soient.

Il ne suffit pas que la dépense ou le sacrifice soit dicté par un intérêt commun quelconque; le but de cette mesure d'intérêt commun doit être d'échapper à un danger sans que l'imminence du danger soit requise.

22. Les règles relatives à l'avarie commune doivent s'appliquer même lorsque le danger, cause primordiale du sacrifice ou de la dépense, a été amené soit par la faute du capitaine, de l'équipage ou d'une personne intéressée au chargement, soit par le vice propre du navire ou de la marchandise. Le recours que donne la faute ou le vice propre doit être indépendant du règlement de l'avarie commune.

23. Il importe que le salut, au lieu de procéder directement du sacrifice, se produise par suite de circonstances indépendantes.

24. La masse contributive doit se composer :

1° De la valeur nette intégrale qu'auraient eue, au moment et au lieu du déchargement, les choses sacrifiées;

2° De la valeur nette intégrale qu'ont aux mêmes lieu et moment, les choses sauvées, ainsi que du montant du dommage qui leur a été causé pour le salut commun.

3° Du fret net à faire.

Les effets et loyers des gens de mer, les bagages des passagers, les munitions de guerre et de bouches dans la mesure nécessaire au voyage, bien que remboursés par contribution, le cas échéant, ne font pas partie de la masse contributive.

25. Les objets successivement sacrifiés, ou plutôt les indemnités dues à leurs propriétaires, étant grevées d'obligations réciproques, les indemnités relatives au second sinistre pour avoir été sauvées par le premier sacrifice, celles relatives au premier sinistre pour l'avoir été par le second sacrifice, il faut régler simultanément, à la fin du voyage, toutes les avaries communes.

Il n'en est autrement que lorsqu'une marchandise est débarquée ou embarquée à un port d'échelle, et pour cette marchandise seulement.

Des assurances maritimes.

26. Toutes choses ou valeurs, estimables à prix d'argent et sujettes aux risques de la navigation, doivent pouvoir faire l'objet d'un contrat d'assurance maritime valide.

27. L'assurance étant un contrat d'indemnité, l'assureur doit pouvoir, nonobstant toute stipulation contraire, et même en l'absence de fraude, contester la valeur que le contrat d'assurance attribue à l'objet assuré au lieu et au moment du départ. Il doit pouvoir contester aussi la réalité de la plus-value assurée en cours de voyage.

Si la valeur de l'objet assuré a été agréée par lui, la preuve contraire lui incombe.

Si le profit espéré a été agréé, l'assureur, en cas de contestation, devra justifier que l'évaluation excédait, à l'époque de la conclusion du contrat, le bénéfice auquel il était permis de s'attendre après une saine appréciation commerciale.

La même solution s'applique en cas d'assurance de la commission, du courtage ou d'autres avantages à retirer d'objets soumis aux fortunes de mer.

L'assureur peut aussi contester la valeur agréée, si elle est moindre que la valeur réelle, afin d'échapper à l'obligation de payer : 1° l'avarie commune; 2° l'avarie particulière si le montant des dommages mis en rapport avec la valeur réelle n'atteint pas la franchise convenue.

L'assureur du navire assuré au voyage ou à terme, à sa valeur au moment du départ, ou au moment du commencement des risques, ne peut contester la valeur assurée à raison d'une dépréciation survenue en cours de voyage.

28. L'assurance pour compte de qui il appartiendra doit être validée, que l'assuré ait ou n'ait pas mandat du véritable intéressé, et sans que l'assuré doive, en contractant, déclarer s'il a ou n'a pas mandat.

En cas de sinistre, celui qui réclame l'indemnité doit, préalablement au payement de l'indemnité, faire connaître celui pour compte de qui l'assurance a été faite et justifier de l'intérêt de celui-ci.

L'assuré, porteur de la police et du connaissement, est présumé avoir cet intérêt et n'a pas d'autre justification à fournir.

29. L'aliénation de la chose assurée doit, en l'absence de stipulation contraire inscrite dans la police ou dans l'acte d'aliénation, entraîner *ipso facto* la cession de l'assurance, sans qu'il faille distinguer entre la période pour laquelle la prime était payée au moment de la cession et la période ultérieure.

L'assureur reste affranchi des aggravations de risques qui seraient la conséquence de l'aliénation.

Il n'y a pas lieu de distinguer entre les polices à ordre ou au porteur et les polices cessibles d'après les règles du droit commun.

30. Les assurances multiples faites sans fraude sur les mêmes choses et contre les mêmes risques, par les mêmes intéressés, agissant en personne ou par mandataires doivent s'appliquer par ordre de dates.

L'assurance postérieure, faite par l'intéressé ou son mandataire, doit primer l'assurance antérieure, faite dans son intérêt par un tiers sans mandat, même si l'intéressé a ratifié cette première assurance après avoir conclu la seconde. Il n'en doit être autrement que si, en ratifiant la première assurance, l'intéressé a annulé ou postposé la seconde.

31. L'assureur ne peut, y eût-il même plusieurs sinistres successifs, être tenu au delà de la somme assurée; mais, à moins de convention contraire, s'il veut ne pas être exposé à payer, outre la somme assurée, l'excédent des frais de sauvetage sur le produit du sauvetage, ainsi que des frais d'expertise et de règlement d'avarie, il doit, dès que le sinistre parvient à sa connaissance ou avant que le sauvetage soit commencé, consentir à payer la totalité de la somme assurée.

32. L'assureur qui indemnise l'assuré doit être légalement subrogé dans tous

ses droits et recours. L'assuré ne peut par son fait porter atteinte aux droits de l'assureur.

33. L'annulation de l'assurance doit être prononcée s'il est prouvé que, à la date du contrat, l'heureuse arrivée ou le sinistre était notoirement connue au lieu où se trouvait le contractant ou son mandataire.

34. A moins de stipulation contraire, l'assurance maritime doit ne pas comprendre les risques de guerre, mais s'il survient un fait de guerre qui modifie les conditions du voyage, l'assurance des risques de mer doit ne cesser ses effets que lorsque le navire est ancré ou amarré au premier port qu'il atteindra.

35. A défaut de stipulation expresse, l'assureur maritime ne doit, comme l'assureur terrestre, être responsable que du dommage éprouvé par les objets assurés et des frais faits pour leur conservation, sans avoir à répondre des recours des tiers.

36. Le droit de délaisser, consacré par l'usage, doit être maintenu en cas de défaut de nouvelles, de prise ou d'arrêt de la chose assurée, quand l'un de ces trois faits se prolonge pendant une durée à déterminer par la loi ; il doit aussi être maintenu en cas de perte totale de la chose assurée, mais non en cas de perte aux trois quarts.

Le navire qui n'est pas susceptible d'être réparé, est assimilé au navire perdu.

Les parties restent libres de stipuler d'autres cas de délaissement.

Du contrat à la grosse.

37. Le respect de la liberté des conventions commande de laisser au propriétaire d'un navire ou d'un chargement la faculté d'emprunter à la grosse, mais, quand la loi admet l'hypothèque maritime et le prêt sur connaissement, il n'y a plus de motif de réglementer légalement le prêt à la grosse fait au propriétaire, ni de lui accorder un privilège.

La loi ne doit se préoccuper que du prêt fait au capitaine en cours de voyage.

38. Le fret doit pouvoir, isolément aussi bien que conjointement avec le navire, servir d'aliment à un prêt à la grosse.

39. Le prêt à la grosse sur un objet assuré pour sa pleine valeur doit avoir pour effet de ristourner l'assurance, à due concurrence, à moins que l'emprunt ne soit fait en cours de voyage pour les besoins du navire et du chargement, auquel cas la dépense qui a nécessité l'emprunt est à la charge de l'assureur.

40. Le prêteur à la grosse doit contribuer aux avaries communes, sauf convention contraire.

De l'abordage.

41. En cas d'abordage de navires, s'il y a eu faute commise à bord des deux navires, il est fait masse des dommages, lesquels sont supportés, par les deux navires, dans la proportion de la gravité qu'ont eue les fautes respectivement constatées comme cause de l'événement.

Si l'abordage a été causé par une faute commise à bord d'un seul navire, le dommage est supporté entièrement par lui.

Si l'abordage est fortuit ou douteux, chaque navire supporte son dommage, sans répétition.

42. Dans chaque cas de collision entre deux navires, il est du devoir du capitaine

ou de toute personne ayant charge du navire, et pour autant qu'il le peut sans danger pour son navire, son équipage ou ses passagers, de rester à proximité de l'autre navire jusqu'à ce qu'il soit assuré qu'une plus longue assistance était inutile et de donner à ce navire, son capitaine, son équipage et ses passagers, tous les secours possibles et utiles pour les sauver de tout danger résultant de l'abordage.

A défaut de se conformer à ces prescriptions, le capitaine ou toute autre personne ayant charge du navire sera, sauf la preuve du contraire, présumée avoir provoqué l'abordage par fausse manœuvre, négligence ou défaut de soins. Il sera, en outre, passible des pénalités à comminer par la loi de son pays.

De l'assistance et du sauvetage.

43. Le capitaine qui rencontre un navire, même étranger ou ennemi, en détresse, doit venir à son aide et lui prêter toute l'assistance possible, sous des pénalités à comminer par la loi de son pays.

44. L'indemnité d'assistance ou de sauvetage doit être déterminée surtout en prenant pour base les circonstances suivantes : le zèle déployé, le temps employé, les services rendus aux navires, aux personnes et aux choses, les dépenses faites, le nombre des personnes qui sont intervenues activement, le danger auquel ces personnes ont été exposées, le danger qui menaçait le navire, les personnes ou les choses sauvées, enfin la valeur dernière des objets sauvés, déduction faite des frais.

45. Tout contrat fait durant le danger est sujet à rescision.

Fontainebleau. — M. E. Bourges imp. breveté.

DU MÊME AUTEUR :

L'HYPOTHÈQUE MARITIME

COMMENTAIRE PRATIQUE

DE LA LOI DU 10 JUILLET 1885

Brochure in-8°. — Prix : 2 fr.

DE L'EXÉCUTION

DES

JUGEMENTS ÉTRANGERS

DANS LES DIVERS PAYS

ÉTUDE DE DROIT INTERNATIONAL PRIVÉ

Brochure in-8° *(rare)*. — Prix : 4 fr.

CODE

DES

ÉTABLISSEMENTS INDUSTRIELS CLASSÉS

ATELIERS DANGEREUX, INSALUBRES OU INCOMMODES

Volume in-18. — Prix : 3 fr. 50.

QUELQUES NOTES JURIDIQUES

SUR LES

BREVETS D'INVENTIONS

à l'usage des

INDUSTRIELS, FABRICANTS & COMMERÇANTS

Brochure in-18. — Prix : 1 fr.

Fontainebleau. — M. E. Bourges imp. breveté.

www.ingramcontent.com/pod-product-compliance
Ingram Content Group UK Ltd.
Pitfield, Milton Keynes, MK11 3LW, UK
UKHW020411220726
13923UKWH00004B/1877